FIN D'UNE SERIE DE DOCUMENTS
EN COULEUR

2 vol.

par P.-F.-J.-H Le
Mercier de la Rivière
(d'après Barbier)

L'ORDRE

NATUREL ET ESSENTIEL

DES SOCIÉTÉS

POLITIQUES.

TOME PREMIER.

L'ORDRE

NATUREL ET ESSENTIEL

DES SOCIÉTÉS

POLITIQUES.

L'Ordre est la Loi inviolable des Esprits ; & rien n'est réglé, s'il n'y est conforme.

MALEB. Tr. de Mor. Ch. II. Part. xi.

TOME PREMIER.

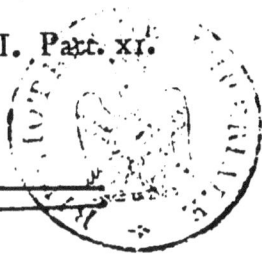

A LONDRES,

Chez JEAN NOURSE, Libraire ;

& *se trouve à* PARIS,

Chez DESAINT, Libraire, rue du Foin
Saint Jacques.

MDCCLXVII.

DEBUT DE PAGINATION

DISCOURS PRÉLIMINAIRE.

Nous connoiſſons dans les Rois trois principaux objets d'ambition; une grande richeſſe , une grande puiſſance , une grande autorité : j'écris donc pour les intérêts des Rois ; car je traite des moyens par leſquels leur richeſſe , leur puiſſance , leur autorité peuvent s'élever à leur plus haut degré poſſible.

Les propriétaires des terres ne déſirent rien tant que de voir ac-croître les revenus qu'ils retirent annuellement de leurs domaines : j'écris donc pour les intérêts de ces propriétaires ; car je traite des

moyens par lefquels toutes les terres peuvent parvenir à leur donner le plus grand revenu poffible.

La claffe qui vend fes travaux
aux autres hommes , n'a d'autre
but que d'augmenter fes falaires
par fon induftrie : j'écris donc pour
les intérêts de cette claffe ; car je
traite des moyens par lefquels la
maffe des falaires de l'induftrie
peut groffir dans toute l'étendue
de fa plus grande mefure poffible.

Les Miniftres des autels , comme hommes co-partageants dans
le produit des terres , & comme
difpenfateurs des biens confacrés
à fecourir l'indigent , font doublement intéreffés à l'abondance des
récoltes : j'écris donc pour les

intérêts de ces Miniftres : j'écris donc pour les intérêts de l'indigent ; car je traite des moyens par lefquels on peut affurer aux récoltes la plus grande abondance poffible.

Les Commerçants, claffe particuliere d'hommes dont l'utilité eft commune à toutes les Nations, & qui ne peuvent commercer qu'en raifon de la reproduction des richeffes commerçables, ne doivent former des vœux que pour la multiplication de ces richeffes : j'écris donc pour les intérêts des Commerçants ; car je traite des moyens par lefquels on peut s'affurer la plus grande reproduction , & la plus grande confommation poffible de toutes les richeffes qui doivent entrer dans le commerce.

Les hommes enfin, en se réunissant en société, n'ont eu d'autre objet que d'instituer parmi eux des droits de propriétés communes & particulieres, à l'aide desquels ils pussent se procurer toute la somme du bonheur que l'humanité peut comporter, toutes les jouissances dont elle nous rend susceptibles: j'écris donc pour les intérêts du corps entier de la Société; car je traite des moyens par lesquels elle doit nécessairement, & pour toujours, donner la plus grande consistence, la plus grande valeur à ces droits de propriétés communes & particulieres, se placer ainsi & se maintenir dans son meilleur état possible.

PAR-TOUT où nos connoiſſances peuvent pénétrer, nous découvrons une fin & des moyens qui lui ſont relatifs : nous ne voyons rien qui ne ſoit gouverné par des loix propres à ſon exiſtence, & qui ne ſoit organiſé de maniere à obéir à ces loix, pour acquérir, par leurs ſecours, tout ce qui peut convenir à la nature de ſon être, & à ſa façon d'exiſter. J'ai penſé que l'homme n'avoit pas été moins bien traité : les dons qui lui ſont particuliers, & qui lui donnent l'empire de la terre, ne me permettent pas de croire que dans le plan général de la création, il n'y ait pas une portion de bonheur qui lui ſoit deſtinée, & un *ordre* propre à lui en aſſurer la jouïſſance.

PLEIN de cette idée , & perfuadé que cette lumiere divine qui habite en nous , ne nous eft pas donnée fans un objet , j'en ai conclu qu'il falloit que cet objet fût de nous mettre en état de connoître *l'ordre* fur lequel nous devons régler notre façon d'exifter pour être heureux. De-là , paffant à la recherche & à l'examen de cet *ordre* , j'ai reconnu que notre état naturel eft de vivre en fociété ; que nos jouiffances les plus précieufes ne peuvent fe trouver qu'en fociété ; que la réunion des hommes en fociété , & des hommes heureux par cette réunion, eft dans les vues du Créateur ; qu'ainfi nous devions regarder la fociété comme étant l'ouvrage de

Dieu même ; & les loix conftitutives de l'ordre focial comme
faifant partie des loix générales &
immuables de la création.

Les premieres difficultés qui fe
font élevées contre cette façon
de confidérer l'homme , ont été
tirées des maux qui réfultent de
notre réunion en fociété. Mais
alors obfervant que parmi les chofes les plus utiles pour nous , il
n'en eft point qui ne puiffent nous
devenir funeftes par les abus que
nous pouvons en faire , j'ai cru
devoir examiner fi les loix naturelles de la fociété font les véritables caufes de ces mêmes maux ,
ou s'ils ne font point plutôt les
fruits néceffaires de notre ignorance fur les difpofitions de ces
loix.

Mes recherches fur ce point m'ont fait paſſer du doute à l'évidence : elles m'ont convaincu qu'il exiſte un *ordre* naturel pour le gouvernement des hommes réunis en ſociété ; un ordre qui nous aſſure néceſſairement toute la félicité temporelle à laquelle nous ſommes appellés pendant notre ſéjour fur la terre , toutes les jouïſſances que nous pouvons raiſonnablement y déſirer , & auxquelles nous ne pouvons rien ajouter qu'à notre préjudice ; un *ordre* pour la connoiſſance duquel la nature nous à donné une portion ſuffiſante de lumieres , & qui n'a beſoin que d'être connu pour être obſervé ; un *ordre* où tout eſt bien , & *néceſſairement* bien , où tous les intérêts font si parfaitement combinés, si inséparablement unis entre eux, que depuis les Souverains jusqu'au dernier de leurs sujets, le bonheur des uns ne peut s'accroître que par le bonheur des autres ; un *ordre* enfin dont la sainteté & l'utilité, en manifestant aux hommes un Dieu bienfaisant, les prépare, les dispose, par la reconnoissance, à l'aimer, à l'adorer, à chercher par intérêt pour eux mêmes, l'état de perfection le plus conforme à ses volontés.

PLUS j'ai voulu combattre cette évidence, & plus je l'ai rendue victorieuse pour moi : plût au Ciel que je pusse la démontrer aux autres comme je la sens, comme je la vois ; plût au Ciel qu'elle fût

univerſellement répandue ; elle ne
pourroit l'être qu'elle ne changeât
nos vices en vertus ; qu'elle ne
fît ainſi le bonheur de l'humanité.

L'ORDRE NATUREL

ET ESSENTIEL

DES SOCIÉTÉS POLITIQUES.

PREMIERE PARTIE.

Théorie de l'Ordre.

NÉCESSITÉ phyſique de la ſociété. Comme elle nous conduit à la connoiſ-ſance du juſte & de l'injuſte abſolus. Leur origine, en quoi ils conſiſtent ; axiome qui renferme tout le juſte abſolu. Comme les devoirs ſont le principe & la meſure des droits. Premiers principes conſtitu-tifs de l'ordre naturel & eſſentiel à chaque ſociété particuliere. Rapports néceſſaires

Tome I.　　　　　　　　　A

de cet ordre effentiel avec l'ordre phyfique ; caracteres principaux & avantages
de cet ordre effentiel ; il eft fimple, évident & immuable ; il conftitue le meilleur état poffible de tout homme vivant
en fociété. Expofition fommaire de la
théorie de cet ordre , fervant encore à
prouver la fimplicité & l'évidence de fes
principes & des conféquences qui en réfultent. Moyens de l'établir & de le perpétuer parmi les hommes.

CHAPITRE PREMIER.

La maniere dont l'Homme est organisé prouve qu'il est destiné par la nature à vivre en société. Nécessité physique de la réunion des Hommes en société. Elle est nécessaire à la réproduction des subsistances, & par conséquent à la multiplication des Hommes, qui est dans les vues du Créateur.

IL EST évident que l'homme, susceptible de compassion, de pitié, d'amitié, de bienfaisance, de gloire, d'émulation, d'une multitude d'affections qu'il ne peut éprouver qu'en société, est destiné par la nature à vivre en société. Ce n'est que dans cette vue qu'elle a pu lui donner le germe des passions qui ne peuvent convenir qu'à un être social : si elle s'étoit proposé que l'homme vécût isolé comme les bêtes féroces, elle ne l'auroit pas or-

A ij

ganifé différemment de ce qu'elles le font;
elle ne l'auroit pas difposé à recevoir , à
fentir des affections qui n'ont de rapport
qu'avec la fociété, & qui ne peuvent naître en lui qu'autant qu'il vit en fociété.

Plus nous approfondirons cette idée,
& plus nous ferons convaincus , par la
contemplation de ce qui eft naturellement en nous , que la réunion des hommes en fociété eft dans le plan général de
la création : nous avons reçu de Dieu une
intelligence dont l'utilité ne fe développe
qu'en fociété : par fon moyen nos connoiffances ont franchi les bornes du glo-
be dans lequel nous nous étions trouvés
renfermés ; nous fommes parvenus à multiplier , pour ainfi dire , notre exiftence
perfonnelle , à penfer , à agir dans les autres hommes , à donner à nos volontés
la puiffance de nous rendre préfents en
différents lieux à la fois : pourquoi donc
aurions-nous reçu ces facultés intellec-
tuelles par le fecours defquelles les hommes les plus éloignés les uns des autres
communiquent entre eux & s'entre-fer-
vent , fi ce n'eft pour que la fociété des
hommes exiftât par l'exercice habituel de
ces mêmes facultés ?

CETTE intelligence qui nous rend maîtres de tout ce qui respire, qui permet que notre foiblesse devienne la force dominante sur la terre, qui nous éleve enfin à la connoissance évidente de tant de vérités sublimes & importantes à notre bonheur, nous laisseroit dans un état qui, à plusieurs égards, seroit fort inférieur à celui des brutes, si dans un homme elle n'étoit jamais enrichie des lumieres qui lui sont préparées par les autres hommes.

OUI, notre intelligence, ce don si précieux, est une espece de patrimoine commun, qui n'a de valeur qu'autant que tous les hommes le font valoir en commun, & qu'ils en partagent les fruits en commun. Lors même que la mort nous sépare de la société, elle ne sépare point toujours la société de la portion d'intelligence que nous avons cultivée pendant notre vie : les découvertes que nous avons faites par son secours, tous les fruits, en un mot, que nous en avons retirés, subsistent encore après nous, lorsque nous avons bien voulu les communiquer, & ne point les dérober à la société. Notre intelligence nous survit ainsi pour

l'utilité de nos affociés ; ils femblent en
hériter : & voilà pourquoi nous difons
des grands hommes, qu'ils ne meurent
point ; que leur efprit habite encore par-
tout où leurs lumieres fe font répandues,
par-tout où leurs vertus fervent de mo-
dele.

Comment donc pourroit-on croire
que nous ne fommes point organifés pour
vivre en fociété, tandis que nous nous
appercevons tous les jours que par le
moyen de notre intelligence, il fubfifte
encore une forte de fociété entre nous &
des hommes qui, depuis 2000 ans, ont
difparu de deffus la terre : nous les révé-
rons, nous les confultons ; à leur tour ils
nous parlent & nous inftruifent ; ils communiquent avec nous enfin, puifqu'ils
excitent en nous des fenfations, & qu'ils
nous fuggerent des idées, comme fi nous
jouïffions encore de leur préfence & de
leur entretien.

Pour peu que nous faffions attention
aux fecours dont l'enfance & la vieilleffe
ne peuvent abfolument fe paffer, il eft
certainement évident que l'homme eft
conftitué de maniere qu'il doit naître,
& mourir en fociété. Ce que j'appelle

naître, c'est vivre dans l'enfance, dans
cet âge où chaque jour nous acquérons,
par une gradation infenfible, le degré de
forces fuffifantes pour fatisfaire, par nous-
mêmes, à ce que nos befoins exigent.
Par la même raifon, ce que j'appelle mourir, c'est la façon dont nous exiftons,
lorfque courbés fous le poids des années,
le déclin journalier de nos forces nous
achemine peu à peu vers le dernier terme où la loi commune à tout être créé
doit s'accomplir.

Si dans les extrémités de notre vie,
cette foibleffe, qui devient en nous une
impuiffance abfolue, trouve dans les incli-
nations & les devoirs des autres hommes,
tous les fecours dont elle a befoin, c'est
à la fociété que nous en fommes redevables : notre réunion en fociété fuppléant
ainfi, dans l'homme focial, tout ce que
la nature a refufé à l'homme ifolé, elle
eft donc évidemment une condition effentielle à notre exiftence.

Nous trouverons une quatrieme preuve de la même vérité, fi nous voulons
donner quelque attention aux deux mobiles qui font en nous les premiers principes de tous nos mouvements : l'un eft

l'appétit des plaisirs, & l'autre est l'aversion de la douleur. Par l'appétit des plaisirs on ne doit pas entendre seulement
l'appétit des jouissances purement physiques , de ces sensations agréables qui
naissent en nous *nécessairement* , selon la
disposition naturelle de nos sens, & sans
le concours de nos facultés intellectuel-
les ; mais sous le nom de plaisirs , il faut
comprendre encore ce que nous pouvons
nommer la délectation de l'ame , ces vi-
ves & douces affections qui la pénétrent
si délicieusement ; qui la remplissent sans
lui laisser aucun vuide , qui naissent des
rapports que nous avons avec les êtres de
notre espece , & que nous ne pouvons
éprouver que dans la société.

DE même quand je parle de l'aversion
de la douleur, l'idée que je veux présen-
ter ne doit point être resserrée dans ce
qui concerne les maux physiques : elle
embrasse encore toutes les situations pénibles , ennuyeuses & affligeantes dans
lesquelles l'ame ne peut se trouver qu'à
l'occasion de notre existence en société.

CES sortes d'affections sociales , quoiqu'elles ne nous soient communiquées
que par l'entremise de nos sens , pren-

nent fur nous un tel empire , qu'elles
nous forcent fouvent à leur facrifier nos
fenfations phyfiques les plus cheres : c'eft
à ces affections fociales que nous obéiffons , lorfque nous paroiffons renoncer
à nous-mêmes pour ne plus vivre que
dans les autres , pour ne plus jouïr que
de leurs propres jouïffances , pour ne
plus connoître le plaifir , qu'autant qu'il
paffe par eux pour arriver jufqu'à nous ;
nous leur obéiffons encore lorfque nous
nous élevons jufqu'au mépris des richeffes & de la vie , & que nous préférons la
douleur phyfique , la mort même au des-
honneur ou à quelqu'autre chagrin qui
naît de nos rapports avec la fociété.

Ces réflexions , toutes courtes qu'elles font , fuffifent pour prouver que la
fociété nous devient beaucoup plus précieufe par les jouïffances qu'elle nous pro-
cuie dans l'ordre métaphyfique, que par
les jouïffances phyfiques qu'elle nous affure ; qu'ainfi l'appétit des plaifirs , fi
avide de ces affections fociales , ne peut
être fatisfait que par le moyen de la fociété.

Je conviens cependant que ce mobile,
confidéré dans fes rapports avec l'ordre

physique , nous soumet d'une maniere
bien plus sensible encore & bien plus absolue , à la nécessité rigoureuse de nous
réunir en société : pressés par l'attrait du
plaisir physique de satisfaire aux besoins
essentiels à notre existence , & ne pouvant nous procurer , que par le moyen
de la société , les choses relatives à ces
mêmes besoins , il est évident que notre
réunion en société est une suite naturelle
& nécessaire de l'appétit des plaisirs.

MAIS ce n'est point là que se bornent
les rapports de ce mobile avec la société:
quelle multitude de besoins & de jouïssances factices ne voit-on pas naître pour
nous à l'occasion de notre réunion en
société ! L'appétit des plaisirs , en nous
rendant sensibles à l'attrait de ces jouïssances, ne nous annonce-t-il pas que nous
sommes faits pour elles , & qu'elles sont
faites pour nous? & quand il est démontré , comme il le sera dans la suite de cet
ouvrage , que ces besoins & ces jouïssances factices sont l'ame du mouvement
social , du mouvement par lequel la société parvient à remplir les objets de son
institution , ne nous devient-il pas évident que tout en nous est disposé pour

que nous vivions en fociété ?

Ce que je viens de dire de ce premier
mobile me difpenfe de parler du fecond:
il eft aifé de concevoir que la privation
des jouïffances recherchées par l'appétit
des plaifirs , eft pour nous une occafion
de douleur; & que l'averfion de la douleur concourt ainfi avec l'appétit des plaifirs , à la formation & au maintien de la
fociété.

Une cinquieme preuve que nous fommes deftinés à vivre en fociété , ce font
les befoins phyfiques & effentiels auxquels notre exiftence nous affujettit uni-
formément : nous ne pouvons exifter
fans confommer; notre exiftence eft une
confommation perpétuelle ; & la néceffité phyfique des fubfiftances établit la néceffité phyfique de la fociété. Si les hommes ne fe nourriffoient que des productions fpontanées de la terre , de celles
qu'elle donne gratuitement , & fans travaux préparatoires , il faudroit un pays
très-vafte pour faire fubfifter un très-petit nombre d'hommes ; mais nous favons
par notre propre expérience que l'ordre
phyfique de notre conftitution tend à une
multiplication très - nombreufe. Cette

difpofition phyfique feroit donc une contradiction, un défordre dans la nature, en ce que les hommes ne pourroient fe multiplier que pour s'entre-détruire, fi l'ordre phyfique de la reproduction des fubfiftances ne permettoit pas qu'elles fuffent multipliées auffi à mefure que nous nous multiplions. Ce défordre feroit d'autant plus grand, d'autant plus évident, qu'il s'étendroit jufques fur les vues que la nature s'eft propofées dans la multiplication des autres animaux; car elle eft fubordonnée, comme la nôtre, à celle des fubfiftances; & nous fommes les feules créatures par le moyen defquelles les productions doivent fe multiplier pour l'avantage commun de tous les êtres qui font deftinés à les confommer.

Cependant cette multiplication de fubfiftances ne peut s'opérer que par la culture, & la culture n'eft poffible que dans la fociété; car il eft évident que perfonne ne cultiveroit fi perfonne n'avoit la certitude morale de jouïr de la récolte, & que ce n'eft que dans la fociété que cette certitude morale peut s'établir, parce qu'elle fuppofe des droits qui, comme on le verra dans la fuite, ne peuvent avoir lieu qu'en fociété.

L'EXEMPLE des Lapons qui ne cultivent point, ne peut pas m'être objecté : chez eux la rigueur du climat s'oppofe à la multiplication des hommes, parce qu'il s'oppofe à la culture : auffi font ils très-peu nombreux. Mais quelque foible que foit leur population, elle ne feroit point ce qu'elle eft, & elle ne pourroit point fe conferver dans le même état, fi la fociété qui s'eft établie parmi eux, ne leur affuroit la propriété de leurs troupeaux, & la liberté de les faire pâturer.

JE ne crains pas non plus qu'on aille chercher chez quelques peuples de l'Amérique, des arguments pour me prouver que l'ordre phyfique de la génération ne rend pas la culture néceffaire. Je fais qu'il en eft qui ne cultivent point ou prefque point, quoique leur fol & leur climat foient également heureux ; mais ils détruifent leurs enfans, égorgent les vieillards, emploient des remedes pour arrêter le cours naturel de la génération : leurs pratiques homicides font donc autant de preuves que je peux réclamer

pour établir, non pas qu'il ne peut exiſter une ſociété ſans culture, mais que
dans les climats propres à la multiplication des hommes, il eſt d'une néceſſité
phyſique, d'une néceſſité relative à leurs
beſoins phyſiques & à l'ordre phyſique
de la génération, qu'ils ſoient Cultivateurs ou Meurtriers.

JE veux bien laiſſer dans ce premier
moment la liberté d'inſtituer une ſociété
comme on le voudra ; je veux bien qu'elle ne ſoit point cultivatrice ; toujours
eſt-il vrai que ſi les hommes n'ont pas
formé entre eux une ſociété quelconque,
de laquelle il puiſſe réſulter une ſûreté
contre la ſupériorité de la force & ſon
uſage arbitraire, il eſt impoſſible qu'un
homme puiſſe faire des approviſionne-
ments, élever des troupeaux, en un mot,
s'aſſurer les moyens de ſubſiſter d'une automne à une autre automne. Par-tout où
il n'y auroit de droits que ceux de la
force, toute poſſeſſion ne pourroit être
que précaire & conditionnelle : un tel
état ſeroit un état de guerre perpétuelle
& néceſſaire : quiconque ne croiroit pas
être ſeul, ſe croiroit *néceſſairement* en
danger, & *néceſſairement* il faudroit qu'il

détruisît pour n'être pas détruit.

RIEN de plus simple, rien de plus évident que l'argument que je viens d'employer pour prouver la nécessité physique de la société : l'ordre physique de la génération nous montre que le genre humain est destiné par l'Auteur de la nature à une multiplication très-nombreuse ; cette multiplication cependant ne peut avoir lieu sans une abondance de subsistances relative & proportionnée à ses besoins ; or cette abondance ne peut naître que par le moyen de la culture qui ne peut s'établir sans la société : ainsi l'établissement de la société, comme moyen nécessaire à l'abondance des productions, est d'une nécessité physique à la multiplication des hommes, & fait partie de l'ordre de la création.

CHAPITRE II.

Premiere source du Juste & de l'Injuste absolus ; en quoi ils consistent ; leurs rapports avec la necessité physique de la société ; droits & devoirs dont la nécessité & la justice sont absolues. Origine de la propriété personnelle & de la propriété mobiliaire ; ce qu'elles sont ; leurs rapports avec l'inegalité des conditions parmi les Hommes. Axiome qui renferme tout le Juste absolu.

La connoissance de la nécessité physique de la société nous conduit tout d'un coup à la connoissance du juste & de l'injuste *absolus*. Le juste *absolu* est une justice par essence, une justice qui tient tellement à la nature des choses, qu'il faudroit qu'elles cessassent d'être ce qu'elles qu'elles font, pour que cette juſtice ceſsât d'être ce qu'elle eſt.

LE juſte *abſolu* peut être défini, *un ordre de devoirs & de droits qui font d'une néceſſité phyſique, & par conſequent abſolue.* Ainſi l'injuſte *abſolu* eſt *tout ce qui ſe trouve contraire à cet ordre.* Le terme d'*abſolu* n'eſt point ici employé par oppoſition à celui de *relatif;* car ce n'eſt que dans le *relatif* que le juſte & l'injuſte peuvent avoir lieu; mais ce qui, rigoureuſement parlant, n'eſt qu'un juſte *relatif* devient cependant un juſte *abſolu* par rapport à la néceſſité abſolue où nous ſommes de vivre en ſociété.

QUOIQU'IL ſoit vrai de dire que chaque homme naiſſe en ſociété, cependant dans l'ordre des idées, le beſoin que les hommes ont de la ſociété, doit ſe placer avant l'exiſtence de la ſociété. Ce n'eſt pas parce que les hommes ſe ſont réunis en ſociété, qu'ils ont entre eux des devoirs & des droits réciproques; mais c'eſt parce qu'ils avoient naturellement & *néceſſairement* entre eux des devoirs & des droits réciproques, qu'ils vivent naturellement & *néceſſairement* en ſociété. Or ces devoirs & ces droits, qui dans l'ordre

Tome I.   **B**

physique sont d'une néceffité *abfolue* , conftituent le jufte *abfolu*.

JE NE crois pas qu'on veuille refufer à un homme le droit naturel de pourvoir à fa confervation : ce premier droit n'eft même en lui que le réfultat d'un premier devoir qui lui eft impofé fous peine de douleur & même de mort. Sans ce droit, fa condition feroit pire que celle des animaux ; car ils en ont tous un femblable. Or il eft évident que le droit de pourvoir à fa confervation renferme le droit d'acquérir , par fes recherches & fes travaux, les chofes utiles à fon exiftence , & celui de les conferver après les avoir acquifes. Il eft évident que ce fecond droit n'eft qu'une branche du premier : on ne peut pas dire avoir acquis ce qu'on n'a pas le droit de conferver : ainfi le droit d'acquérir & le droit de conferver ne forment enfemble qu'un feul & même droit, mais confidéré dans des temps différents.

C'EST donc de la nature même que chaque homme tient la propriété *exclufive* de fa perfonne , & celle des chofes acquifes par fes recherches & fes travaux. Je dis la propriété *exclufive*, parce que fi elle n'étoit pas *exclufive* , elle ne feroit pas un droit de propriété.

Si chaque homme n'étoit pas, *exclusivement* à tous les autres hommes , propriétaire de sa personne , il faudroit que les autres hommes eussent sur lui-même des droits semblables aux siens : dans ce cas on ne pourroit plus dire qu'un homme a le droit naturel de pourvoir à sa conservation ; lorsqu'il voudroit user d'un tel droit , les autres auroient aussi le droit de l'en empêcher ; son prétendu droit seroit donc nul ; car un droit n'est plus un droit, dès que les droits des autres ne nous laissent pas la liberté d'en jouïr.

Il y a long-temps que nous avons adopté l'axiome du Droit Romain , *Jus constituit necessitas* , & que sans connoître la force & la justice de cette façon de parler , nous disons que *la nécessité fait la loi*. Cet axiome cependant renferme une grande vérité ; il nous apprend que ce qui est d'une nécessité *absolue* , est aussi d'une justice *absolue* ; & d'après cette même vérité , nous devons faire le raisonnement que voici : Pour que chaque homme puisse remplir le premier devoir auquel il est assujetti par la nature ; pour qu'il puisse subsister enfin , il est d'une nécessité *absolue* qu'il ait le droit de pour-voir à sa conservation : pour qu'il puisse jouir de ce droit , il est d'une nécessité *absolue* que les autres n'ayent pas le droit de l'en empêcher ; la propriété exclusive de sa personne , que déformais j'appel-lerai *propriété personnelle* , est donc pour chaque homme un droit d'une nécessité *absolue* ; & comme cette propriété per-sonnelle e *xclusive* seroit nulle sans la pro-priété exclusive des choses acquises par ses recherches & ses travaux , cette se-conde propriété *exclusive* à laquelle je donnerai , dans la suite , le nom de *pro-priété mobiliaire* , est d'une nécessité *ab-solue* comme la premiere dont elle émane.

Nous voici déja bien avancés dans la connoissance du juste & de l'injuste *ab-solus :* une fois que nous voyons qu'il est d'une nécessité *absolue* que dans chaque homme sa propriété personnelle & sa propriété mobiliaire soient *exclusives* , nous sommes forcés de reconnoître aussi, dans chaque homme , des devoirs d'une nécessité *absolue :* ces devoirs consistent à ne point blesser les droits de propriété des autres hommes ; car il est évident que, sans les devoirs , les droits cesseroient d'exister.

L'HOMME confidéré par rapport aux animaux, n'a point de *droits*, parce qu'entre eux & lui c'eft le pouvoir phyfique qui décide de tout. L'idée qu'on doit fe former d'un *droit* ne peut s'appliquer qu'aux rapports que les hommes ont *néceffairement* entre eux ; & dans ce point de vue, qui dit un *droit*, dit *une prérogative établie fur un devoir, & dont on jouit librement, fans le fecours de la fupériorité des forces, parce que toute force étrangere, quoique fupérieure, eft obligée de la refpecter.* Sans cette obligation rigoureufe, l'homme endormi n'auroit aucun des *droits* de l'homme éveillé, ou plutôt perfonne n'auroit de *droits*, qu'en raifon de fon pouvoir phyfique, & la fociété ne fubfifteroit pas plus entre les hommes, qu'elle fubfifte entre eux & les bêtes féroces.

LE voilà donc, ce jufte *abfolu*, le voilà qui s'offre à nous dans toute fa fimplicité : une fois que nous reconnoiffons la néceffité phyfique dont il eft que nous vivions en fociété, nous voyons évidemment qu'il eft d'une néceffité, & conféquemment d'une juftice *abfolues*, que chaque homme foit *exclufiv*ement

propriétaire de fa perfonne & des chofes
qu'il acquiert par fes recherches & fes
travaux ; nous voyons évidemment qu'il
eft d'une néceffité & d'une juftice *abfolues* que chaque homme fe faffe un devoir de refpecter les droits de propriété
des autres hommes ; qu'ainfi parmi eux
il n'eft point de droits fans devoirs. J'ai
même déja fait obferver que cette regle
eft l'ordre primitif de la nature ; car dans
cet ordre primitif, le droit de pourvoir
nous-mêmes à notre confervation , fitôt
que nos forces nous le permettent , eft
établi fur un devoir abfolu , fur un devoir dont nous ne pouvons nous affranchir, que nous n'en foyons punis par
la douleur & la deftruction de notre
individu.

CETTE derniere maxime du jufte *abfolu* nous montre encore *qu'il n'eft point
de devoirs fans droits* ; que ceux-là font
le principe & la mefure de ceux-ci ; que
les devoirs enfin ne peuvent être établis
dans la fociété, que fur la néceffité dont
ils font à la confervation des droits qui
en réfultent.

SI quelqu'un révoquoit en doute cette
vérité , il ne me feroit pas difficile de

l'en convaincre : un devoir, quel qu'il soit, prend sur la propriété personnelle qui doit être *exclusive* ; il est donc, par essence, incompatible avec cette propriété, à moins qu'il ne lui soit utile. Il est évident que si ce devoir lui étoit onéreux sans lui être d'aucune utilité, celui qui seroit grévé de ce devoir, ne seroit plus *exclusivement* propriétaire de sa personne : ainsi ce devoir, qui offenseroit un droit naturel & conforme à la justice par essence, ne pourroit être rempli, qu'autant qu'on y seroit contraint par une force supérieure : dans cet état, tout se rameneroit au pouvoir physique, désordre destructif de toute société.

L'IDÉE d'un devoir qui ne seroit absolument qu'onéreux, présente une contradiction bien frappante ; car d'un côté elle suppose un devoir, & de l'autre côté nul droit pour l'exiger. En effet, un droit que la force seule établit, & qu'une autre force détruit, n'en est point un parmi les hommes. Tel seroit cependant le titre de ceux qui voudroient assujettir un homme à des devoirs qui ne seroient pour lui d'aucune utilité, & qui par conséquent détruiroient en lui ses droits de propriété.

Revenons donc à l'ordre de la nature : là, nous trouvons que les devoirs sont *néceffairement* utiles ; qu'ils sont la source & le fondement des devoirs qui nous sont acquis, & qu'il nous importe de conserver ; que ces droits sont des propriétés *exclufives* par effence ; que leur impofer un devoir quelconque qui n'eût rien d'avantageux pour elles, ce seroit les partager & par conséquent les détruire ; qu'ainfi elles ne peuvent se concilier avec d'autres devoirs que ceux qui font conformes & néceffaires aux intérêts de ces mêmes propriétés *exclufives*. Nous pouvons donc renfermer tout le jufte *abfolu* dans un feul & unique axiome : *Point de droits sans devoirs, et point de devoirs sans droits.*

Je terminerai ce Chapitre par une obfervation fur l'inégalité des conditions parmi les hommes : ceux qui s'en plaignent ne voient pas qu'elle eft dans l'ordre de la juftice par effence : une fois que j'ai acquis la propriété *exclufive* d'une chofe, un autre ne peut pas en être propriétaire comme moi & en même temps. La loi de la propriété eft bien la même

pour

pour tous les hommes ; les droits qu'elle donne font tous d'une égale juftice, mais ils ne font pas tous d'une égale valeur, parce que leur valeur eft totalement in-dépendante de la loi. Chacun acquiert en raifon des facultés qui lui donnent les moyens d'acquérir ; or la mefure de ces facultés n'eft pas la même chez tous les hommes.

INDÉPENDAMMENT des nuances pro-digieufes qui fe trouvent entre les facul-tés néceffaires pour acquérir, il y aura toujours dans le tourbillon des hafards, des rencontres plus heureufes les unes que les autres : ainfi par une double rai-fon, il doit s'introduire de grandes dif-férences dans les états des hommes réu-nis en fociété. Il ne faut donc point re-garder l'inégalité des conditions comme un abus qui prend naiffance dans les fo-ciétés : quand vous parviendriez à diffou-dre celles-ci, je vous défie de faire ceffer cette inégalité ; elle a fa fource dans l'in-égalité des pouvoirs phyfiques, & dans une multitude d'événements accidentels dont le cours eft indépendant de nos vo-lontés ; ainfi dans quelque fituation que vous fuppofiez les hommes, vous ne

pourrez jamais rendre leurs conditions
égales, à moins que changeant les loix
de la nature, vous ne rendiez égaux pour
chacun d'eux, les pouvoirs physiques &
les accidents.

JE conviens cependant que dans une
société particuliere, ces différences dans
les états des hommes peuvent tenir à de
grands défordres qui les augmentent au-
delà de leur proportion naturelle & nécessaire ; mais qu'en résulte-t-il ? Qu'il
faut se proposer d'établir l'égalité des
conditions ? Non;car il faudroit détruire
toute propriété, & par conséquent toute
société ; mais qu'il faut corriger les désordres qui font que ce qui n'eft point
un mal en devient un, en ce qu'ils dif-
posent les choses de maniere que la force
place d'un côté tous les droits, & de
autre tous les devoirs.

CHAPITRE III.

Formation des Sociétés particulieres ; comme elles sont d'une nécessité physique. Institution & nécessité physique de la proprieté fonciere, des loix conséquentes à cette proprieté, & d'une autorité tutelaire pour en assurer l'observation. Premieres notions du Juste absolu considéré dans les Sociétés particulieres. Comment la somme des droits & celle des devoirs se servent mutuellement de mesure dans ces Sociétés. Fondement naturel & unique de la véritable grandeur des Rois.

Nous venons de voir qu'il a dû exister naturellement & *nécessairement* parmi les hommes une sorte de société universelle & tacite, dans laquelle chacun avoit des devoirs & des droits essentiels. Cette société primitive existoit par la seule connoiſſance du beſoin que les hommes avoient les uns des autres, & de la néceſſité où ils étoient de s'impoſer des devoirs réciproques pour s'aſſurer des droits réciproques qui intéreſſoient leur exiſtence. Dans ce premier état, les hommes venant à ſe multiplier, les productions gratuites & ſpontanées de la terre ſont bien-tôt devenues inſuffiſantes ; & ils ont été forcés d'être cultivateurs. Alors il a fallu que les terres ſe partageaſſent, afin que chacun connût la portion qu'il pourroit cultiver.

De la néceſſité de la culture a réſulté la néceſſité du partage des terres ; celle de l'inſtitution de la propriété fonciere; & le tout enſemble a opéré *néceſſairement* la diviſion de la ſociété univerſelle & tacite en pluſieurs ſociétés particulieres & conventionnelles.

En général, avant qu'une terre puiſſe être cultivée, il faut qu'elle ſoit défrichée, qu'elle ſoit préparée par une multitude de travaux & de dépenſes diverſes qui marchent à la ſuite des défrichements ; il faut enfin que les bâtiments néceſſaires à l'exploitation ſoient conſtruits, par conſéquent que chaque premier Cultivateur commence par avancer à la terre des richesses mobiliaires dont il a la propriété : or comme ces richesses mobiliaires incorporées, pour ainsi dire, dans les terres ne peuvent plus en être séparées, il est sensible qu'on ne peut se porter à faire ces dépenses, que sous la condition de rester propriétaire de ces terres ; sans cela la propriété mobiliaire de toutes les choses ainsi dépensées seroit perdue. Cette condition a même été d'autant plus juste dans l'origine des sociétés particulieres, que les terres étoient sans valeur vénale & sans prix, avant que les dépenses les eussent rendues susceptibles de culture.

D'APRE's la nécessité physique de la propriété fonciere il est aisé de concevoir la nécessité physique des sociétés particulieres : envain un homme est constitué propriétaire d'une terre, il ne peut se décider à faire les dépenses nécessaires pour la mettre en valeur, qu'autant qu'il est socialement certain qu'il sera pareillement propriétaire de la récolte que la culture de cette terre pourra procurer. Mais pour établir cette certitude sociale en faveur des Propriétai-

C ij

res fonciers & des Cultivateurs , il a
fallu chercher les moyens de mettre les
récoltes à l'abri de tous les rifques auxquels elles étoient *néceffairement* expofées , jufqu'à ce qu'elles fuffent enlevées
par ceux auxquels elles devoient appartenir. Les hommes fe font donc trouvés
dans la néceffité phyfique de fe divifer
comme les terres mêmes ; de former des
fociétés particulieres , dans lefquelles les
uns fuffent occupés de la culture , &
les autres de la sureté des récoltes.

Il est fenfible que l'inftitution de
ces fociétés particulieres n'a pû fe faire
fans des conventions qui euffent un double objet : 1°. Celui d'affurer dans l'intérieur de chaque fociété , le fort des
Propriétaires fonciers , celui des Cultivateurs , & de tous ceux qui feroient
employés à la sûreté des récoltes ; 2°.
De mettre le corps entier de la fociété
en état de n'avoir rien à craindre au dehors de la part des fociétés voifines.
Alors , pour donner à ces conventions
une confiftence folide , & remplir les
objets qu'on fe propofoit par leur
moyen , il a fallu *néceffairement* inftituer une autorité tutélaire , dans la pro-

tection de laquelle le corps social trou-
vât les secours & la garantie qu'il dési-
roit : nous verrons dans la suite quelles
sont les conditions essentielles pour que
cette autorité réponde nécessairement
aux vues de son institution.

C'EST ainsi que la chaîne de nos besoins physiques sert à nous guider dans
la recherche du juste absolu : à mesure
qu'ils se développent à nos yeux, la
nécessité physique de l'ordre auquel ils
nous assujettissent *nécessairement*, se rend
sensible ; & cette nécessité physique,
qui est absolue, nous fait connoître ce
qui est d'une justice absolue.

DANS le premier état où le genre
humain se présente à nous, je veux dire, dans la société naturelle, universelle & tacite, nous appercevons clairement que l'homme ne peut exister
sans la propriété exclusive de sa personne & des choses acquises par ses recherches & ses travaux ; que cette propriété étant la même dans tous les hommes, nous sommes ainsi forcés de reconnoître en chacun d'eux des devoirs
& des droits d'une nécessité & d'une
justice absolues.

C iv

Si-tôt que les progrès de la multiplication des hommes les obligent d'employer leur industrie à multiplier les subsistances, le besoin qu'ils ont de la culture, les force d'instituer parmi eux une propriété foncière, qui devient ainsi d'une nécessité & d'une justice absolues.

Dès le moment que cette troisieme sorte de propriété devient nécessaire à l'existence des hommes, la sureté dont les récoltes ont besoin pour que la culture ait lieu, contraint la société générale de se diviser en sociétés particulieres ; & dans ce second état nous découvrons de nouvelles branches du juste absolu : nous voyons évidemment que ces sociétés particulieres ne peuvent exister sans des conventions relatives à la sûreté si essentielle aux récoltes ; qu'ainsi les conventions qui établissent cette sûreté sont d'une nécessité & d'une justice absolues : nous voyons évidemment que pour donner à ces mêmes conventions la solidité qui leur convient, il faut absolument instituer une autorité tutélaire ; par conséquent que d'un côté la protection que cette

autorité doit leur accorder, & de l'autre côté l'obéissance aux ordres de cette
même autorité sont d'une nécessité &
d'une justice absolues.

Il est à propos de faire observer
que la vérité de l'axiome qui embrasse
tout le juste absolu, acquiert ici un
nouveau degré d'évidence : à mesure
que nous voyons nos devoirs s'accroître, nous voyons aussi nos droits s'ac-
croître également. Dans le premier état
des hommes ils n'avoient aucune sorte
de propriétés communes ; leurs droits
ne s'étendoient point au-delà de leurs
propriétés exclusives tant personnelles
que mobiliaires, & leurs devoirs ne les
assujettissoient qu'à respecter entre eux
ces mêmes propriétés, sans les obliger
à se prêter des secours mutuels pour
les défendre.

Dans leur second état les devoirs &
les droits réciproques acquièrent une
extension proportionnelle qui les rend
bien plus précieux à l'humanité. Les
hommes, obligés de cultiver, se trouvent ainsi chargés d'un nouveau devoir
que la nature leur impose ; de ce nouveau devoir on voit naître une nou-

velle forte de droits, ceux de la propriété foncière qui affure celle des récoltes. Il eft vrai qu'elle met en quelque forte des bornes au droit primitif
que tous les hommes avoient de fe
procurer des fubfiftances par leurs recherches ; mais aufli chacun de ceux qui
jouiffent de ces nouveaux droits , eft
dans l'obligation de les acheter par des
dépenfes, & de partager ainfi avec les
autres hommes les avantages qu'il en
retire ; par ce moyen ceux auxquels on
impofe, comme un nouveau devoir ,
l'obligation de refpecter les récoltes ,
de veiller même à leur sûreté , fe trouvent acquérir, par ce devoir , un nouveau droit, celui de participer à ces
mêmes récoltes ; & ce nouveau droit
les dédommage amplement du devoir
qui en eft le titre conftitutif.

CE n'eft pas cependant que je veuille
dire que tous les hommes qui ne cultivent point, foient dans une égale obligation de veiller à la sûreté des récoltes , & qu'ils ayent un droit égal au
partage qui doit en être fait. Mais pour
tous ceux qui ne font point commis aux
fonctions relatives à cette sûreté, il eft

d'autres moyens d'acquérir le droit de participer à ces mêmes récoltes ; & ces moyens font toutes les reffources qu'ils peuvent trouver dans leur induftrie , pour augmenter les jouiffances du corps focial : ils n'ont point à fe plaindre d'avoir perdu le droit de recherche ; dès qu'ils fe rendent utiles, les fubfiftances viennent les trouver ; ainfi en leur impofant le devoir de s'employer à l'utilité commune , on leur a donné des droits fur les produits de la culture ; & la maniere dont ils fati font à ce devoir , eft ce qui décide de l'étendue de leurs droits.

ON obfervera fans doute que la néceffité phyfique de la propriété fonciere eft la fource où nous devons puifer toutes les inftitutions fociales qui conftituent l'ordre effentiel des fociétés : de la néceffité de cette propriété , nous voyons naître la néceffité de la propriété des récoltes ; de celle-ci, la néceffité de les partager ; de cette troifieme , la néceffité des conventions ou des loix fervant à régler ce partage ; de cette quatrieme , la néceffité de toutes les autres inftitutions indifpenfables pour don-

ner de la confistence à ces loix & aux
droits qui en résultent : nous voyons
ainsi se former la nécessité des Magist-
trats pour être les organes des loix; celle
d'une autorité tutélaire pour assurer
l'observation des loix ; celle enfin de
tout ce qui doit concourir à mettre
cette autorité en état de produire les
effets qu'on en attend. Je n'entrerai
point, quant à préfent, dans le détail
de toutes ces conséquences & des rapports néceffaires qu'elles ont entre elles ;
je dirai feulement que la nécessité de la
propriété fonciere étant celle à laquelle
la nécessité de toutes les autres institutions est fubordonnée, il en résulte
évidemment que le partage des récoltes
doit être institué de maniere que l'état
du Propriétaire foncier foit *le meilleur
état focialement poffible.*

Plus nous examinerons les rapports
que les hommes ont entre eux dans
cette nouvelle fociété, & plus nous ferons convaincus que les nouveaux
droits font établis fur de nouveaux devoirs, & que les nouveaux devoirs font
établis fur de nouveaux droits : avant
la formation des fociétés particulieres

le droit de chaque homme consistoit,
comme je viens de le dire, à ne point
dépendre des autres, & son devoir se
bornoit à ne point les assujettir à dépendre de lui. Il en est tout autrement dans
les sociétés particulieres : il s'y forme
une chaîne de dépendances réciproques
qui deviennent des droits & des avantages réciproques : chaque homme est
dans l'obligation de concourir à garantir
les propriétés des autres hommes, & ce
devoir lui donne un droit qui met les autres hommes dans l'obligation de concourir à lui garantir les siennes ; pour
donner de la consistence à cette garantir mutuelle, il s'établit entre eux des
propriétés communes, par le moyen
desquelles chacun multiplie naturellement & ses pouvoirs & ses jouïssances ;
ainsi par les nouveaux devoirs qu'il
contracte, il acquiert de nouveaux
droits, qui rendent *nécessairement* sa
condition meilleure à tous égards.

CETTE balance de devoirs & de
droits réciproques & proportionnels établis les uns sur les autres se trouve être
la même dans les devoirs & les droits
de l'autorité tutélaire : si son droit est

que les autres hommes lui obéiffent,
fon devoir eft auffi d'affurer les propriétés des autres hommes ; c'eft parce qu'elle doit protéction & sureté ,
qu'on lui doit obéiffance & partage
dans les récoltes. Nous retrouvons donc
par-tout la vérité de notre axiome :
POINT DE DROITS SANS DEVOIRS , ET
POINT DE DEVOIRS SANS DROITS.

CE QUE je dis ici de l'autorité tutélaire nous conduit directement à nous
former la plus haute idée de ceux qui
en font les dépofitaires : on voit que
cette autorité eft le premier lien du
corps politique ; que celui qui l'exerce
eft l'organe & le miniftre de la juftice
par effence ; qu'il tient dans fa main le
bonheur des hommes; qu'en cela qu'il
fait obferver conftamment un ordre de
qui nous tenons tous les biens dont
nous jouiffons, il ne fait que partager
dans les richeffes qu'il procure ; il donne ainfi toujours plus qu'il ne reçoit ;
il eft une divinité à laquelle on ne peut
rien offrir qui ne faffe partie de fes bienfaits.

CHAPITRE IV.

Premiers principes de l'ordre essentiel des Sociétés particulieres. Définition de cet ordre essentiel. Il est tout entier renfermé dans les trois branches du droit de propriété. Sans cet ordre les Sociétés particulieres ne pourroient repondre aux vues de l'Auteur de la nature, & remplir l'objet de leur institution. Cet objet est de procurer au genre humain le plus grand bonheur & la plus grande multiplication possibles.

A PEINE avons-nous, pour ainsi dire, entrevu la nécessité physique des sociétés particulieres, que nous découvrons un *ordre essentiel*, un ordre dont elles ne peuvent s'écarter sans trahir leurs véritables intérêts, sans cesser même d'être sociétés. Ce que j'appelle un *ordre essentiel* est, en général, un enchaînement de moyens sans lesquels il est impossible de remplir l'objet qu'on s'est proposé. Ainsi l'objet *ultérieur* de la formation des sociétés particulieres, tel que nous l'appercevons dans les intentions de leur premier Instituteur, étant le bonheur & la multiplication des hommes, il devient évident que l'ordre essentiel des sociétés est *l'accord parfait des institutions sociales sans lesquelles ce bonheur & cette multiplication ne pourroient avoir lieu.*

POUR rendre ces vérités plus sensibles, il est à propos de développer les rapports qui se trouvent entre le bonheur & la multiplication des hommes. Par la raison qu'un homme n'apporte dans ce monde que des besoins ; qu'il doit y trouver les choses nécessaires à sa subsistance, & qu'il ne peut exister sans consommer, il est évident que les hommes ne peuvent se multiplier, qu'en proportion des productions qui doivent entrer dans leurs consommations. L'objet *immédiat* de l'institution des sociétés particulieres est donc la multiplication

cation des productions.

Cet objet *immédiat* nous est manifesté par l'ordre physique, de maniere que personne ne peut le révoquer en doute : tout le monde voit évidemment que l'espece humaine est susceptible d'une multiplication bien supérieure au nombre d'hommes qui pourroient vivre des productions spontanées de la terre : tout le monde voit évidemment que la multiplication des productions est physiquement nécessaire ; qu'elle est possible, & même certaine, en remplissant, de notre part, les conditions dont l'ordre physique la fait dépendre : tout le monde voit évidemment que cette multiplication ne peut s'opérer sans la culture ; que la culture ne peut avoir lieu que dans les sociétés particulieres ; par conséquent que leur institution est dans les vues de la nature, comme un moyen dont elle a fait choix pour que la multiplication des hommes ne fût point arrétée par un obstacle insurmontable, & qu'au-lieu de leur devenir funeste, elle servît à l'accroissement de leur bonheur.

Aux yeux du Créateur le bonheur

des hommes à naître eft tout auffi préfent que celui des hommes qui font déja
nés ; il pourvoit à l'un & à l'autre par
les mêmes moyens, par l'inftitution des
fociétés, par l'intérêt qu'elles ont pour
elles-mêmes à multiplier les productions,
par l'enfemble de toutes les difpofitions
qui font dans la nature pour fervir
leurs intentions à cet égard. Cette réflexion nous montre combien nous devons refpecter l'ordre qui nous réunit
en fociété ; combien nous fommes coupables devant Dieu, lorfque nous nous
écartons de cet ordre divin, & que
nous arrêtons le cours naturel de la
multiplication des hommes , en arrê-
tant celui de la multiplication des productions.

La multiplication & le bonheur des
hommes font deux objets tellement en-
chaînés l'un à l'autre dans le fyftême de
la nature qu'il n'eft fur la terre aucune
puiffance qui ait le pouvoir de les féparer. Humainement parlant, le plus
grand bonheur poffible confifte pour
nous *dans la plus grande abondance pof-*
fible d'objets propres à nos jouiffances , &
dans la plus grande liberté poffible d'en

profiter. Or cette grande abondance ne peut jamais exister sans une grande liberté ; car, comme il sera démontré dans le Chapitre suivant, c'est à la liberté que nous sommes redevables de tous les efforts que font les hommes pour provoquer cette abondance. Ainsi dès qu'il est reconnu que dans les vues de la nature la plus grande abondance possible des productions est l'objet immédiat de l'institution des sociétés particulieres, il devient évident qu'il est également dans ses vues que les hommes y jouïssent de la plus grande liberté possible, & conséquemment que les deux ensemble leur assurent le plus grand bonheur possible.

NON-SEULEMENT l'Auteur de la nature a voulu que la multiplication des hommes ne pût s'opérer que par les moyens institués pour les rendre heureux, mais encore que cette multiplication à son tour servît à l'accroissement de leur bonheur. C'est par un effet naturel de cette multiplication, que la terre s'est couverte d'une multitude de productions diverses, & que par la voie du commerce, chaque climat s'ap-

proprie, en quelque forte, les richeffes des autres climats ; c'eft à elle encore que nous fommes redevables des
progrès de notre intelligence & de notre induftrie, en un mot, de tout ce que
nous mettons en pratique pour varier
& multiplier nos jouiffances. Je fais que
parmi ces jouiffances il en eft beaucoup
dont la privation ne feroit point un malheur pour nous, fi elles nous étoient totalement inconnues ; mais cela n'empêche pas qu'il nous foit agréable de les
poffeder, & que ces jouiffances ajou-
tent à la fomme commune du bonheur
qui fe partage entre les hommes.

Autre chofe eft le malheur, autre
chofe la diminution du bonheur : ne
pas jouïr d'un bien qu'on ne connoît
pas, n'eft point un malheur ; mais c'eft
un bonheur de moins : par la même raifon connoître ce bien & en jouïr n'eft
point la ceffation d'un malheur, mais
c'eft un bonheur de plus. C'eft dans ce
fens qu'il faut entendre que la grande
multiplication des hommes leur devient
avantageufe : ils pourroient fans elle
n'être pas malheureux ; mais ils en ont
befoin pour devenir plus heureux.

L'ORDRE essentiel à toutes les sociétés particulieres est donc l'ordre des devoirs & des droits réciproques dont l'établissement est essentiellement nécessaire à la plus grande multiplication possible des productions, afin de procurer au genre humain la plus grande somme possible de bonheur, & la plus grande multiplication possible. D'après cette définition de l'ordre essentiel, il devient évident qu'il n'est rien au monde qui puisse nous intéresser autant que la connoissance de cet ordre précieux ; mais ce qui nous prouve bien que l'Auteur de la nature a voulu que nous fussions heureux, c'est que tous les hommes sont appellés à cette connoissance : rien de si simple que l'ordre essentiel des sociétés ; rien de si facile à concevoir que les principes immuables qui le constituent ; ils sont tous renfermés dans les trois branches du droit de propriété ; il est aisé de le démontrer.

LA propriété personnelle est le premier principe de tous les autres droits : sans elle, il n'est plus ni propriété mobiliaire, ni propriété fonciere, ni société.

LA propriété mobiliaire, n'est, pour ainsi dire, qu'une maniere de jouir de la propriété personnelle, ou plutôt c'est la propriété personnelle elle-meme considérée dans les rapports qu'elle a nécessairement avec les choses propres à nos jouissances ; on est donc obligé de respecter, de protéger la propriété mobiliaire, pour ne pas détruire la propriété personnelle, la propriété fonciere & la société.

LA propriété fonciere est établie sur la nécessité dont elle est aux deux premieres propriétés, qui sans elle deviendroient nulles : dès qu'il y auroit plus d'hommes que de subsistances, le besoin les mettroit dans le cas de s'entr'égorger , & alors il n'existeroit plus ni propriété mobiliaire , ni propriété personnelle , ni société.

CES TROIS sortes de propriétés sont ainsi tellement unies ensemble qu'on doit les regarder comme ne formant qu'un seul tout dont aucune partie ne peut être détachée , qu'il n'en résulte la destruction des deux autres. L'ordre essentiel à toute société est donc de les conserver toutes trois dans leur entier ;

il ne peut rien admettre qui puisse blesser aucune de ces trois propriétés.

MAIS, me dira-t-on, n'y a-t-il pas d'autres institutions sociales qui font *nécessairement* partie de l'ordre essentiel des sociétés ? Cela est vrai, mais elles n'y prennent place que comme conséquences nécessaires, & non comme premiers principes ; c'est au droit de propriété qu'il faut remonter pour trouver la nécessité de ces institutions.

J'AI DIT, par exemple, dans le Chapitre précédent, que les sociétés particulieres n'avoient pu se former sans des conventions relatives aux devoirs & aux droits qui résultent *nécessairement* de la propriété fonciere, & qu'elles ne pouvoient subsister que par le moyen d'une autorité tutélaire propre à assurer l'exécution constante de ces mêmes conventions. De-là s'ensuit que ces conventions ou ces loix, (car c'est le nom qu'on doit leur donner), & une autorité tutélaire pour les faire observer, prennent naissance dans la nécessité physique de la propriété fonciere : faites disparoître cette propriété, il n'est plus besoin ni de ces loix, ni de l'autorité

tuelaire ; il n'exifte plus ni ordre focial ni véritable fociété.

L'INSTITUTION de ces loix & celle
de cette autorité, ainfi que toutes les
autres inftitutions qui réfultent néceffairement de ces deux premieres, ont donc
un objet effentiel, un objet déterminé
par la propriété fonciere elle-meme,
ou, fi l'on veut, par la néceffité ablo-
lue dont elle eft à la fociété. Il eft évident que cet objet effentiel n'eft autre chofe que de confolider les devoirs
& les droits réfultants de cette propriété ; ainfi ces deux inftitutions n'ajou-
tent rien à l'ordre effentiel ; c'eft cet ordre au contraire qui les fait ce qu'elles
font, & pour fa propre confervation.

L'ORDRE effentiel à toutes les fociétés eft l'ordre fans lequel aucune fociété
ne pourroit ni fe perpétuer ni remplir
l'objet de fon inftitution. La bafe fonda-
mentale de cet ordre eft évidemment le
droit de propriété, parce que fans le
droit de propriété, la fociété n'auroit
aucune confiftence, & ne feroit d'aucune utilité à l'abondance des productions.
Les autres parties de l'ordre effentiel ne
peuvent être que des conféquences de

ce premier principe ; il eſt ainſi de toute
impoſſibilité qu'elles ne ſoient pas parfaitement d'accord avec lui pour tendre
vers la plus grande multiplication poſſible des productions & des hommes , &
aſſurer le plus grand bonheur poſſible à
chacun de ceux qui vivent en ſociété.

CHAPITRE V.

De la liberté sociale ; en quoi elle consiste ; elle n'est qu'une branche du droit de propriété. Simplicité de l'ordre social par rapport à la liberté. Ses rapports nécessaires avec l'ordre physique de notre constitution & de la réproduction. Nécessité dont elle est à l'intérêt général d'une société.

J'AI DIT dans le Chapitre précédent qu'une grande abondance de productions ne pouvoit avoir lieu sans une grande liberté. Cette vérité, dont je n'ai point encore donné la démonstration, est tout à la fois d'une grande importance & d'une grande simplicité. N'est-il pas vrai qu'un droit qu'on n'a pas la liberté d'exercer, n'est pas un droit ? Il est donc impossible de concevoir un droit de propriété sans liberté.

LE DROIT de propriété confidéré par rapport au propriétaire, n'eft autre chofe que le *droit de jouir*; or il eft évident que *le droit de jouir ne peut exifter fans la liberté de jouir.* De même auffi *la liberté de jouir ne peut avoir lieu fans le droit de jouir*; elle le fuppofe *néceffairement*; car fans le droit, la liberté n'auroit aucun objet, à moins d'admettre dans un homme la liberté de jouir des droits d'un autre homme. Mais cette idée renfermeroit une contradiction bien évidente; elle fuppoferoit dans le fecond des droits qu'il n'auroit point, puifqu'il ne pourroit les exercer; ils appartiendroient au-contraire à celui qui auroit la liberté d'en jouïr.

PAR la raifon que le droit de jouïr & la liberté de jouïr ne peuvent exifter l'un fans l'autre, on doit les regarder comme ne formant qu'une feule & même prérogative qui change de nom, felon la façon de l'envifager. Ainfi on ne peut bleffer la liberté fans altérer le droit de propriété, & on ne peut altérer le droit de propriété, fans bleffer la liberté.

IL EST fenfible que par le terme de

liberté il ne faut point entendre cette liberté métaphysique qui ne consiste que dans la faculté de former des volontés; c'est la faculté, la liberté de les exécuter dont il s'agit ici; car sans la seconde, la première est absolument inutile.

UN HOMME conserve jusques dans les fers la liberté métaphysique de desirer, de vouloir; mais il n'a pas alors la liberté *physique* de l'exécution. Je donne à cette seconde liberté le nom de *physique*, parce qu'elle ne se réalise que dans les actes physiques qu'elle a pour objet. Or il est évident que celle-ci est la seule qui puisse intéresser la société; car dans la société tout est physique; aussi est-ce sur l'ordre physique que l'ordre social est essentiellement & nécessairement établi.

TELLE est l'idée qu'on doit se former de la liberté sociale, de cette liberté qui est tellement inséparable du droit de propriété qu'elle se confond avec lui, & qu'il ne peut exister sans elle, comme elle ne peut exister sans lui. En effet, qu'on dépouille un homme de tous droits de propriété, je défie qu'on trouve en lui vestiges de liberté: d'un autre côté,

fuppofez quelqu'un qui foit privé de
toute efpece de liberté, je défie qu'on
puiffe dire qu'il lui refte dans le fait &
réellement aucun droit de propriété.

C'EST DONC à jufte titre que j'ai dit
que fans la liberté fociale on ne pouvoit
fe promettre une grande abondance de
productions. L'homme ne fe met en action qu'autant qu'il eft aiguillonné par
le defir de jouir ; or le defir de jouir ne
peut agir fur nous, qu'autant qu'il n'eft
point féparé de la liberté de jouir. Faites maintenant l'application de ces vérités aux opérations qui font néceffaires
pour provoquer une grande abondance
de productions : il eft certain que cette
grande abondance ne peut s'obtenir que
par de grandes dépenfes & de grands
travaux. Mais qui eft-ce qui peut porter
les hommes à faire ces travaux & ces dépenfes, fi ce n'eft le defir de jouir ? &
que peut fur eux le defir de jouir, s'ils
font privés de la liberté de jouir ?

NE CHERCHONS point dans les hommes des êtres qui ne foient point des
hommes : la nature, comme je l'ai déja
dit, a voulu qu'ils ne connuffent que
deux mobiles, l'appétit des plaifirs &

l'averfion de la douleur : il eft donc dans
fes vues qu'ils ne foient pas privés de la
liberté de jouir ; car fans cette liberté le
premier de ces deux reflorts perd toute
fa force , il devient abfolument nul. *Defir de jouir & liberté de jouir , voilà l'ame
du mouvement focial* ; voilà le germe fé-
cond de l'abondance , parce que cet enfemble précieux eft le principe de tous
les efforts que les hommes font pour fe
la procurer.

LA LIBERTÉ fociale peut être définie
*une indépendance des volontés étrangeres
qui nous permet de faire valoir le plus qu'il
nous eft poffible nos droits de propriété ,
& d'en retirer toutes les jouiffances qui
peuvent en réfulter fans préjudicier aux
droits de propriété des autres hommes.* Cette définition nous fait connoître combien eft fimple l'ordre effentiel des fociétés : nous ne fommes plus embarraffés
pour déterminer la portion de liberté
dont chaque homme doit jouïr ; la mefure de cette portion eft toujours évidente ; elle nous eft naturellement donnée par le droit de propriété : *telle eft
l'étendue du droit de propriété , telle eft
auffi l'étendue de la liberté.*

LES PRÉJUGÉS dans lesquels les hommes ont vieilli , ne manqueront pas de s'élever contre ce que je dis pour prouver la nécessité physique dont il est que les hommes jouissent en société de la plus grande liberté possible. Mais quels que que soient les sophismes qu'ils ayent à m'objecter , je peux y répondre par avance en établissant ici deux vérités : la première est que de la liberté il ne peut résulter que du bien ; la seconde que de la diminution de la liberté il ne peut résulter que du mal.

L'APPÉTIT des plaisirs ne cesse de nous porter vers le plus grand nombre possible de jouissances. Mais ce plus grand nombre possible n'est point une mesure connue : quelle que soit la somme de nos jouissances , nous cherchons toujours à les varier & à les augmenter encore. Cette tendance naturelle nous met dans le cas d'avoir besoin des autres hommes ; car ce n'est que par leurs secours que nous pouvons parvenir à cette augmentation de jouissances que nous desirons. Mais pour obtenir ces secours il faut en donner la valeur ; il faut avoir les moyens d'offrir jouissances pour

E iv

jouiffances : ainfi nous ne pouvons jamais nous propofer de jouir feuls & féparément des autres ; il faut néceffairement qu'ils foient affociés à l'accroiffement de nos jouiffances ou que nous renoncions à cet accroiffement.

La façon dont nous fommes organifés nous montre donc que dans le fyftème de la nature chaque homme tend perpétuellement vers fon meilleur état poffible, & qu'en cela même il travaille & concourt *néceffairement* à former le meilleur état poffible du corps entier de la fociété. Or il eft évident qu'il ne peut conferver cette direction fi précieufe à l'humanité, qu'autant qu'il jouït de la plus grande liberté ; ainfi la liberté d'un feul eft avantageufe à tous ; on ne peut l'en dépouiller, fans lui occafionner des privations qui de proche en proche viennent, comme un mal contagieux. affecter tous les autres membres de la fociété.

On s'eft imaginé cependant que l'intérêt général demandoit qu'on mît des bornes factices à la liberté ; qu'on ne permît pas aux hommes de mettre à profit toutes les jouiffances que leur droit de propriété pouvoit leur procurer. Cette idée est d'autant plus mal combinée, qu'elle met en opposition l'intérêt général avec les intérêts particuliers. Et qu'est-ce donc que l'intérêt général d'un corps, si ce n'est ce qui convient le mieux aux divers intérêts particuliers des membres qui le composent? comment peut-il se faire qu'un corps gagne quand ses membres perdent? Mais, me dira-t-on peut-être, la valeur des bénéfices que les uns procurent à la société par ce moyen, ne peut-elle pas surpasser la valeur des pertes que les autres éprouvent? Non, cela est impossible; car, comme on le verra dans la suite de cet ouvrage, ces prétendus bénéfices pour la société sont imaginaires, & les pertes très-réelles; pertes même d'autant plus considérables, qu'elles se multiplient par leurs contre-coups, qui se font sentir jusques dans les parties qu'on a cru favoriser. Tels seront toujours & *nécessairement* les effets cruels de tout système qui, en blessant le droit de propriété, attaquera l'essence de la société.

Voulez-vous qu'une société parvienne à son plus haut degré possible de

richeffe, de population , & conféquemment de puiffance ? Confiez fes intérets
à la liberté ; faites que celle-ci foit générale : au moyen de cette liberté , qui
eft le véritable élément de l'induftrie ,
le defir de jouïr irrité par la concurrence,
éclairé par l'expérience & l'exemple ,
vous eft garant que chacun agira toujours pour fon plus grand avantage poffible , & par conféquent concourra de
tout fon pouvoir au plus grand accroiffement poffible de cette fomme d'intérets
particuliers, dont la réunion forme ce
qu'on peut appeller l'intérét général du
corps focial , ou l'intérct commun du
chef & de chacun des membres dont ce
corps eft compofé.

CHAPITRE VI.

Essence, origine & caractères de l'ordre social ; il est une branche de l'ordre naturel qui est physique ; il est exclusif de l'arbitraire. L'ordre naturel & essentiel de la Société est simple, évident & immuable ; il constitue le meilleur état possible de la société, celui de chacun de ses membres en particulier, mais singuliérement du Souverain & de la souveraineté ; il renferme ainsi en lui-même les moyens de sa conservation.

PROPRIÉTÉ, & par conséquent sûreté & liberté de jouïr, voilà donc ce qui constitue l'essence de l'ordre naturel & essentiel de la société. Cet ordre n'est qu'une branche de l'ordre phy-

fique ; & par cette raison , ses principaux caracteres sont de n'avoir rien
d'arbitraire ; d'être au-contraire simple ,
évident , immuable , le plus avantageux
possible au corps entier d'une société ,
& à chacun de ses membres en particulier.

IL NE FAUT pas confondre l'ordre
surnaturel avec l'ordre naturel : le premier est l'ordre des volontés de Dieu ,
connues par la révélation , & il n'est sensible qu'à ceux auxquels il a bien voulu
le manifester. Le second au-contraire se
fait connoître à tous les hommes par le
secours des seules lumieres de la raison.
L'autorité de cet ordre est dans son évidence , & dans la force irrésistible avec
laquelle l'évidence domine & assujettit
nos volontés.

L'ORDRE naturel est *l'accord parfait
des moyens physiques dont la nature a fait
choix pour produire nécessairement les effets physiques qu'elle attend de leurs concours.* J'appelle ces moyens , *des moyens
physiques* , parce que tout est physique
dans la nature ; ainsi l'ordre naturel ,
dont l'ordre social fait partie , n'est , &
ne peut être autre chose que l'ordre physique.

SI QUELQU'UN faisoit difficulté de reconnoître l'ordre naturel & essentiel de
la société pour une branche de l'ordre
physique, je le regarderois comme un
aveugle volontaire, & je me garderois
bien d'entreprendre de le guérir. En effet, c'est fermer les yeux à la lumiere
que de ne pas voir que l'institution de la
société est le résultat d'une nécessité
physique ; qu'elle se forme par un concours de causes physiques ; qu'elle est
composée d'êtres physiques ; qu'elle agit
& se maintient par des moyens physiques ; que les objets de son établissement
sont physiques ; que les effets qui lui sont
propres, sont physiques ; qu'ainsi son ordre primitif & essentiel est physique ; car
ce n'est que par les loix de l'ordre physique, que des causes ou des moyens
physiques peuvent être liés à leurs effets
physiques.

CETTE VÉRITÉ une fois reconnue,
il en résulte évidemment que l'ordre social n'a rien d'arbitraire ; qu'il n'est
point l'ouvrage des hommes ; qu'il est
au-contraire institué par l'Auteur même de la nature, comme toutes les autres branches de l'ordre physique, qui

dans toutes fes parties eft abfolument &
toujours indépendant de nos volontés ;
par conféquent que les loix immuables
de cet ordre phyfique doivent être regardées comme étant , par rapport à nous,
la raifon primitive & effentielle de toute
légiflation pofitive & de toutes les inftitutions fociales.

LA SIMPLICITÉ & l'évidence de cet
ordre focial font manifeftes pour quiconque veut y faire la plus légere attention : n'eft-il pas manifeftement évident
qu'il nous eft phyfiquement impoffible de vivre fans fubfiftances ? N'eft-
il pas manifeftement évident que les
hommes fe multipliant fuivant le cours
naturel de l'ordre phyfique , dans les
climats qui leur font propres , il eft
phyfiquement impoffible qu'ils ne manquent pas de fubfiftances , s'ils ne les
multiplient par la culture ? N'eft-il pas
ainfi manifeftement évident que toutes
les inftitutions fociales requifes pour que
la culture puiffe s'établir , deviennent
d'une néceffité phyfique ; par conféquent que la propriété fonciere , qui
donne le droit de cultiver , eft d'une néceffité phyfique ; que la propriété mo-

biliaire, qui assure la jouissance de la récolte, est d'une nécessité physique ; que
la propriété personnelle, sans laquelle
les deux autres seroient nulles, est d'une
nécessité physique ; que les travaux &
les avances, sans lesquels les terres reste-
roient incultes, sont d'une nécessité
physique ; que la liberté de jouïr, sans
laquelle ces travaux & ces avances n'auroient pas lieu, est d'une nécessité physique ; que la sureté constante, sans laquelle le droit de propriété n'auroit aucune consistence, est d'une nécessité
physique ; que les institutions sociales,
sans lesquelles il n'y auroit ni sureté ni
liberté de jouïr, sont d'une nécessité
physique, d'une nécessité relative à l'ordre physique de la multiplication des
subsistances, & généralement de tous
les effets physiques qui par le moyen de
cette multiplication, doivent naturellement résulter de la société.

ON PEUT donc dire avec vérité, qu'il
n'est rien de plus simple, ni de plus évident que les principes fondamentaux &
invariables de l'ordre naturel & essentiel
des sociétés : pour les connoître dans
leur source naturelle, dans leur essence,

& même dans les conféquences pratiques qui en réfultent, il ne faut que connoître l'ordre phyſique : dès que cet ordre eſt devenu évident, ces mêmes principes & leurs conféquences pratiques deviennent évidents pareillement. Aucune puiſſance humaine ne s'avifera jamais de faire des loix poſitives pour ordonner de femer dans la faiſon propre à la récolte, & de récolter dans la faiſon propre à femer.

Il en sera de même de toutes les autres parties de l'ordre phyſique : ſi-tôt qu'elles ſeront évidentes, leur évidence déterminera *néceſſairement* & invariablement l'ordre ſocial que les loix poſitives doivent adopter, pour ne pas préjudicier à la nation & encore plus au Souverain ; je dis que cette évidence deviendra *néceſſairement* légiſlatrice, parce qu'alors on ſera convaincu que cet ordre conſtitue le meilleur état poſſible de tous ceux qui lui ſont aſſujettis ; que c'eſt de lui ſeul enfin qu'on doit attendre tout ce qui peut être un objet d'ambition pour les Souverains & pour leurs ſujets.

J'ai déja dit qu'en général le plus grand

grand bonheur possible pour le corps social consistoit *dans la plus grande abondance possible d'objets propres à nos jouissances, & dans la plus grande liberté possible d'en profiter.* J'ai fait voir que cette grande abondance de jouissances étoit un effet nécessaire de l'établissement du droit de propriété, & que ce n'étoit que dans cet établissement qu'il falloit la chercher : or il est évident que ce qui procure au corps social son meilleur état possible, procure aussi le même avantage à chacun de ses membres en particulier, puisque chacun d'eux est appellé par l'ordre même, à partager dans cette somme de bonheur qui leur appartient en commun.

Pour prouver cette derniere proposition, il suffit de faire observer qu'une grande abondance de productions ne peut acquérir une grande utilité, que par le moyen de l'industrie, & qu'il est nécessaire à une société, d'avoir une classe industrieuse qui prête ses secours à la classe cultivatrice, & qui achete ainsi le droit de participer à l'abondance des récoltes. Il est donc évident que les productions ne peuvent se multi-

plier pour ceux qui en font les premiers
propriétaires , qu'elles ne fe multiplient
en même-temps pour tous les autres hommes qui travaillent à leur procurer les
moyens de varier & d'augmenter leurs
jouiffances; qu'ainfi l'aifance & le bonheur de ceux-ci s'accroît en raifon de
l'aifance & du bonheur de ceux-là. Il
eft évident enfin que la richeffe des récoltes annuelles eft la mefure de la population, & de tout ce qui conftitue la
force politique d'une fociété ; par conféquent que l'accroiffement de fes richeffes à leur plus haut degré poffible ,
eft ce qui, dans l'ordre politique , établit fon meilleur état poffible, c'eft-à-
dire, fa plus grande puiffance , & fa
plus grande fûreté poffibles.

Mais un article bien important à remarquer, c'eft que le même ordre qui
forme le meilleur état poffible de la fociété prife individuellement , & de chaque citoyen en particulier , eft bien
plus avantageux encore au Souverain ,
à ce chef dans les mains duquel l'autorité tutélaire eft dépofée avec tous les
droits qui s'y trouvent néceffairement
attachés. Premiérement , en fa qualité

de Souverain, il eſt, comme je le démontrerai dans un autre moment, *Co-
propriétaire* du produit net des terres
ſa domination : ſous ce point de
on peut le conſidérer comme étant,
dans ſon Royaume, le plus grand Propriétaire foncier ; comme prenant la
plus grande part dans l'abondance des
productions ; comme ayant ainſi le plus
grand intérêt perſonnel à la conſervation de l'ordre qui eſt la ſource de cette
abondance.

En ſecond lieu, cet intérêt commun
du Souverain comme *Copropriétaire*,
s'accroît encore en lui *comme Souverain*,
attendu que c'eſt à ſa ſouveraineté que
ce droit de Copropriétaire eſt attaché ;
& que la puiſſance nationale lui eſt bien
plus néceſſaire pour la conſervation de
ſa ſouveraineté, qu'elle ne l'eſt à chacun de ſes ſujets pour la conſervation
de leurs propriétés particulieres.

Une troiſieme & derniere conſidéra-
tion, que la ſeconde ſemble naturellement amener, c'eſt qu'une nation gouvernée par l'ordre naturel & eſſentiel de
la ſociété, en a *néceſſairement* une connoiſſance évidente, & par conſéquent

voit évidemment qu'elle jouit de son
meilleur état possible. Or il ne se peut
pas que ce coup d'œil ne réunisse toutes
les volontés & toutes les forces de la nation au soutien de ce même ordre, &
conséquemment pour défendre & perpétuer la souveraineté dans la main du
chef qui n'emploie son autorité que
pour le maintenir. Il est certain qu'une
obéissance contrainte & servile ne ressemble point à celle qui est dictée par
l'amour & par un grand intérêt qu'on
trouve à obéir : la premiere n'accorde
que ce qu'elle ne peut refuser ; la seconde vole au-devant du commandement, & ses efforts vont toujours beaucoup au-delà de ce qu'on croyoit pouvoir exiger d'elle.

Dans un gouvernement conforme à
l'ordre naturel & essentiel des sociétés,
tous les intérêts & toutes les forces de
la nation viennent se réunir dans le souverain, comme dans leur centre commun ; celles-ci lui sont tellement propres & personnelles, que sa volonté
seule suffit pour les mettre en action ;
on peut dire ainsi que sa force est dans
sa volonté. Mais dans un gouvernement

factice & contraire à cet ordre essentiel,
l'autorité du Souverain paroît être une
autorité étrangere, parce que le Souverain lui même paroît être étranger :
il ne peut commander, qu'autant qu'il
est armé d'une force factice autre que
celle de la nation, attendu que c'est
moins à lui qu'à cette force empruntée,
que la nation obéit.

Pour faire comprendre la différence
énorme qui se trouve entre ces deux
manieres de gouverner, il suffit de faire
observer que dans l'ordre politique,
c'est toujours la partie la plus foible qui
gouverne la partie la plus forte, & que
la force de celui qui commande, ne
consiste réellement que dans les forces
réunies de ceux qui lui obéissent. Mais
cette réunion de leurs forces suppose
toujours & *nécessairement* la réunion de
leurs volontés ; réunion qui ne peut
avoir lieu, ou du-moins être constante,
qu'autant que chacun est intimement
convaincu que son obéissance est nécessaire pour lui assurer la jouissance de
son meilleur état possible.

Ainsi dans un gouvernement institué suivant les loix de l'ordre, les ri-

cheffes & les forces de la nation fe trouvent être dans leur plus haut degré poſſible , & naturellement elles font toutes
dans la main du Souverain ; ſa puiſſance
eſt à lui ; elle réſide en lui ; au-lieu que
dans un gouvernement d'un genre diffé-
rent , les forces de la nation font moins
à la diſpoſition du Souverain , qu'aux
ordres de ceux qui lui louent leur miniſtere , & lui vendent ainſi les moyens
de ſe faire obéir par la nation : alors ſa
puiſſance précaire , incertaine & chancelante n'eſt au fonds qu'une véritable
dépendance : il eſt lui - même dans des
fers qu'il n'oſeroit entreprendre de bri-
ſer.

D'après ce parallele , il eſt aiſé de
juger combien le Souverain en particulier eſt intéreſſé à la conſervation de
l'ordre naturel & eſſentiel de la ſociété.
Cet ordre qui conſtitue le meilleur état
poſſible du corps ſocial , le meilleur
état poſſible de chacun de ſes membres ,
le meilleur état poſſible de la ſouveraineté , le meilleur état poſſible du Souverain , ſous quelques rapports qu'on
l'enviſage , renferme donc en lui-même
le principe de ſa durée : il ſuffit qu'il

soit connu pour qu'il s'établisse, & qu'il soit établi pour qu'il se perpétue : tous les intérêts, par conséquent toutes les forces qui se réunissent en sa faveur, répondent à jamais de sa conservation ; & à ce trait nous devons reconnoître encore l'ordre social comme étant une branche de l'ordre naturel & universel ; car le propre de l'ordre est de se perpétuer de lui-même, par la sagesse & la puissance d'un enchaînement qui assujettit les causes à produire toujours les mêmes effets, & les effets à devenir causes à leur tour.

CHAPITRE VII.

Suite du Chapitre précédent : ex-
position sommaire de la théorie
de l'ordre. Simplicité & évi-
dence non - seulement de ses
principes , mais encore de
leurs conséquences. La con-
noissance des premiers princi-
pes de l'ordre nous suffit pour
que toute pratique qui contre-
dit une seule de ses conséquen-
ces , soit pour nous un désor-
dre évident.

POUR mieux caractériser encore la
simplicité & l'évidence de l'ordre essentiel des sociétés ; je crois devoir rassem-
bler ici sous un même point de vue les
premieres principes de cet ordre , & les
conséquences qui en résultent *nécessaire-*
ment , sans cependant me laisser entraîner dans le détail de toutes les pratiques , de toutes les institutions sociales
dont

dont ces mêmes conféquences établiffent
la néceffité. L'expofé de cette théorie
de l'ordre effentiel achevera de prouver
qu'il n'a rien de myftérieux, rien qui ne
foit à la portée de tout homme qui voudra le méditer avec quelque attention.

EN EFFET, qui font ceux qui ne fentent ni ne comprennent qu'ils font nés
avec le devoir & le droit de pourvoir
à leur confervation ; que la propriété
perfonnelle eft un droit naturel en eux ,
un droit qui eft *néceffairement* donné à
tout ce qui refpire, un droit qui eft effentiel à leur exiftence , & dont ils ne peuvent être dépouillés fans injuftice , parce qu'il eft abfolu , comme le devoir
même fur lequel il eft établi ? Qui font
ceux qui ne fentent ni ne comprennent ,
que fi ce droit les met dans un état de
guerre néceffaire avec les brutes, c'eft parce qu'entre l'efpece humaine & les brutes aucun traité ne peut avoir lieu ? mais
qu'il n'en eft pas ainfi des hommes entre
eux ; qu'il leur importe à tous de ne point
fe rendre ennemis les uns des autres en
violant un droit qui leur eft à tous également acquis ; que cet intérêt naturel
& commun leur impofe une obligation

naturelle & commune de refpecter réciproquement dans les êtres de leur efpece ce premier droit de propriété ;
que par la force de cet intérêt commun,
il fubfifte naturellement entre les hommes une forte de fociété univerfelle &
tacite dont toutes les loix dérivent de
la propriété perfonnelle, & dont l'objet eft que chacun jouïffe librement de
cette propriété.

Voila donc déja le premier principe
de l'ordre focial dont la connoiffance
évidente n'exige de nous aucun effort
de raifon : la propriété perfonnelle eft
d'une juftice & d'une néceffité qui fe
rendent fenfibles pour tous les hommes ;
or il eft certain que dès qu'ils tiennent ce
premier principe de l'ordre, il leur eft
facile de faifir le fecond ; de fentir & de
comprendre la juftice & la néceffité de
la propriété mobiliaire, qui n'eft qu'un
acceffoire de la perfonnelle ; que de-là,
ils arrivent naturellement à fentir &
comprendre la juftice & la néceffité de
la propriété fonciere, qui prend naiffance dans les deux premieres propriétés ; qu'enfin ils ont tout ce qu'il leur
faut pour fentir & comprendre la jufti-

ce & la néceſſité de la liberté ſociale, de cette liberté de jouïr, ſans laquelle on voit s'évanouir tous droits de propriété, & par conſéquent toute ſociété. Certainement vous n'en trouverez pas un qui ne conçoive très-bien qu'il ne doit point avoir la liberté de jouïr des droits des autres ; que dans chaque homme le droit de jouïr & la liberté de jouïr ſont inſéparables ; & qu'ainſi la propriété eſt la meſure de la liberté, comme la liberté eſt la meſure de la propriété.

DE CES premiers principes paſſons aux conſéquences ; nous y trouverons la même ſimplicité, la même évidence. Si - tôt qu'on a compris la néceſſité de la propriété fonciere, on eſt forcé naturellement de convenir que cette propriété doit *néceſſairement* donner celle des récoltes ; qu'il eſt d'une néceſſité abſolue que la ſûreté ſociale de cette double propriété ſoit ſolidement inſtituée ; en conſéquence, que les forces de la ſociété ſe réuniſſent pour l'établir.

QU'IL eſt d'une néceſſité abſolue que la ſûreté des récoltes ſoit payée à ceux qui la procurent ; & que le devoir de les protéger affure aux protecteurs le droit de les partager entre eux , les cultivateurs & les propriétaires fonciers.

Qu'il est d'une néceffité abfolue qu'il foit inftitué des loix tant par rapport à la maniere d'établir la fûreté des récoltes , que pour régler le partage qui doit en être fait entre ceux qui les font naître par leurs dépenfes , & les autres hommes fans le fecours defquels ces dépenfes ne feroient point faites , faute de fûreté pour leurs produits.

Qu'il est d'une néceffité abfolue que ce partage foit réglé de façon que les produits engagent à faire les dépenfes néceffaires pour les faire renaître ; conféquemment que les hommes ne voyent rien de mieux pour leurs intérêts particuliers , que de s'occuper du défrichement & de la culture des terres , ainfi que des moyens de les fertilifer.

Qu'il est d'une néceffité abfolue que les proportions qui doivent être obfervées dans ce partage , foient ftables & permanentes , afin que d'un côté le prix de la fûreté des récoltes foit toujours payé par les propriétaires , & que d'un

autre côté les autres hommes ne détruifent pas la propriété fonciere , & ne
tariffent pas ainfi la fource primitive des
récoltes , en empiétant arbitrairement
fur les droits de cette propriété.

Qu'il eft d'une néceffité abfolue
que les droits de propriété ayent des
bornes connues , qui ne permettent à
qui que ce foit d'étendre arbitrairement
les fiens aux dépens de ceux des autres ;
car cet état feroit un état de guerre deftructif de la fociété, parce qu'il le feroit
de la propriété.

Qu'il eft d'une néceffité abfolue que
la liberté de jouïr ne foit ainfi limitée
dans chaque homme, que par le droit de
propriété & la liberté des autres hommes ; & qu'à cet égard il ne foit pas
poffible à l'arbitraire de jamais s'introduire dans les prétentions.

Qu'il eft d'une néceffité abfolue que
des loix pofitives conftatent les devoirs
& les droits réciproques des hommes,
& les confolident d'une telle maniere ,
que la propriété & la liberté ne puiffent
jamais être bleffées impunément.

Qu'il eft d'une néceffité abfolue que
ces loix n'ayent elles-mêmes rien d'arbi-

traire, & ne foient *évidemment* que l'expreffion de la juftice par effence, afin
que cette évidence rende publique la
néceffité de la foumiffion à ces loix, &
qu'elles ne foient pas elles-mêmes coupables des défordres qu'elles fe propofe-
roient de prévenir.

Qu'il eft d'une néceffité abfolue que
ces loix foient immuables, parce que
la juftice par effence eft immuable ;
qu'elles foient encore fi fimples & fi
claires dans leur énonciation, que l'arbitraire ne puiffe fe gliffer dans la maniere de les interpréter ou d'en faire
l'application.

Qu'il eft d'une néceffité abfolue que
la plénitude de l'autorité foit tellement
acquife à ces loix, que dans aucun temps
leur obfervation ne puiffe dépendre
d'aucune volonté arbitraire, fans quoi
elles cefferoient d'être des loix ; les devoirs cefferoient d'être des devoirs, les
droits d'être des droits, & la fociété
d'être une fociété.

Qu'il eft d'une néceffité abfolue
qu'elles ayent pour organe, des Magiftrats, qui n'ayant d'autre autorité
quecelle des loix, ne puiffent avoir d'au-

tres volontés, & qui foient ainfi toujours dans l'impoffibilité de parler autrement que les loix.

Qu'il eft d'une néceffité abfolue que
ces Magiftrats ne puiffent, fous aucun
prétexte, trahir leur miniftere, & s'é-
carter de la fidélité inviolable que, par
état, ils doivent aux loix, & d'une façon plus particuliere encore que tous
les autres fujets des loix.

Qu'il eft d'une néceffité abfolue que
pour le maintien de l'autorité des loix,
elles foient armées d'une force coercitive, & qu'à cet effet il exifte une puiffance tutélaire & protectrice, dont la
force, toujours fupérieure, foit le garant de l'obfervation invariable des
loix.

Qu'il eft d'une néceffité abfolue que
cette force fupérieure foit unique dans
fon efpece, par la raifon que la fupériorité qui lui eft effentielle, eft abfolument exclufive de toute égalité.

Qu'il eft d'une néceffité abfolue que
cette fupériorité de force foit établie
fur un fondement inébranlable ; par
conféquent que le principe conftitutif de
cette force foit de nature à ne jamais

permettre qu'elle puiffe fe décompofer ;
qu'ainfi ce principe ne peut rien admettre qui ne foit évident ; tout ce qui ne
l'eft pas , étant *néceffairement* fujet à
changer , parce qu'il eft *néceffairement*
arbitraire.

QU'IL eft enfin d'une néceffité abfolue
que cette puiffance tutélaire & protectrice des loix ne puiffe jamais devenir deftructive des loix ; qu'ainfi il faut que
tout foit difpofé pour que fes plus
grands intérêts foient toujours & *évi-*
demment inféparables de l'obfervation
des loix , & que la force irréfiftible de
cette évidence la tienne dans l'heureufe
impoffibilité d'avoir d'autres volontés
que celles des loix.

JE ne porterai pas plus loin quant à
préfent les conféquences qui réfultent
fucceffivement de la propriété perfonnelle ; celles qui viennent de s'offrir naturellement à nous , & qui font fufceptibles d'être faifies par tous ceux auxquels on les préfentera , forment ce que
nous pouvons nommer la théorie de
l'ordre effentiel des fociétés , & font
une preuve bien convaincante que cet
ordre eft fimple & évident. Cette théo-

rie a deux grands avantages : le premier
eſt qu'elle eſt ſuffiſante pour nous faire
connoître toutes les inſtitutions ſociales
qui conviennent à ce même ordre eſſentiel ; le ſecond eſt que ces conſéquences
ſont tellement enchaînées les unes aux
autres, & tellement liées aux premiers
principes de l'ordre, qu'on ne peut,
dans la pratique, contrarier aucune d'entre elles, que le déſordre ne ſoit auſſi-
tôt évident pour tous ceux qui connoiſ-
ſent ſeulement ces premiers principes.
En effet quel que ſoit l'abus qui bleſſe
une ſeule de ces conſéquences, il eſt
impoſſible qu'il ne faſſe violence au
droit de propriété & à la liberté ; or il eſt
impoſſible auſſi que ce déſordre puiſſe
avoir lieu, ſans qu'il ſoit évident aux
yeux de quiconque ſait que la propriété
& la liberté ſont le fondement de l'ordre eſſentiel des ſociétés.

CHAPITRE VIII.

Des moyens néceſſaires pour éta-
blir l'ordre & le perpéiuer ; ils
ſont tous renfermés dans une
connoiſſance ſuffiſante de l'or-
dre. L'évidence eſt le premier
caractere de cette connoiſſance,
& ſa publicité eſt le ſecond.
Neceſſité de l'inſtruction publi-
que, des livres doctrinaux dans
ce genre, & de la plus grande
liberté poſſible dans l'examen
& la contradiction.

IL EST SENSIBLE que l'ordre naturel
& eſſentiel des ſociétés ne peut s'établir
s'il n'eſt ſuffiſamment connu ; mais auſſi
par la raiſon qu'il conſtitue notre meilleur état poſſible ·, il eſt ſenſible encore
que ſitôt qu'il eſt connu, ſon établiſſement doit être l'objet commun de l'ambition des hommes ; qu'il s'établit alors

nécessairement, & qu'une fois qu'il est établi, il doit *nécessairement* se perpétuer. Je dis qu'il s'établit & se perpétue *nécessairement*, parce que l'appétit des plaisirs, ce mobile si puissant qui est en nous, tend naturellement & toujours vers la plus grande augmentation possible de jouïssances, & *que le propre du désir de jouir est de saisir les moyens de jouïr.* Les hommes ne peuvent donc connoître leur meilleur état possible, que toutes les volontés & toutes les forces ne se réunissent pour se le procurer & se l'assurer. Ainsi ne croyez pas que pour établir cet ordre essentiel, il faille changer les hommes & dénaturer leurs passions; il faut au-contraire intéresser leurs passions, les associer à cet établissement; & pour y réussir, il suffit de les mettre dans le cas de voir *évidemment* que c'est dans cet ordre seulement qu'ils peuvent trouver la plus grande somme possible de jouïssances & de bonheur.

MAIS l'ordre naturel & essentiel des sociétés, considéré dans toutes les institutions sociales qui résultent successivement de la nécessité absolue de maintenir la propriété & la liberté, eſt un enſemble parfait, compoſé de différentes parties qui ſont toutes également néceſſaires les unes aux autres ; nous ne pouvons rien en détacher, ni rien y ajouter qu'à ſon préjudice & au nôtre. Il eſt donc certain qu'il ne peut être réputé ſuffiſamment connu d'une ſociété, qu'autant qu'il l'eſt dans toutes ſes branches, & dans tous les rapports qu'elles ont entre elles ; qu'ainſi le premier caractere d'une connoiſſance ſuffiſante de l'ordre eſt d'être *explicite & évidente* ; car c'eſt préciſément dans l'harmonie parfaite de ces rapports, dans la juſteſſe des moyens qui les enchaînent & les ſubordonnent les uns aux autres, que réſide l'évidence de l'ordre : par conſéquent la connoiſſance *évidente*, parce qu'elle ne peut être qu'une connoiſſance *explicite* d'un enchaînement *évident*.

De mesme que *tout ce qui n'eſt pas vérité n'eſt qu'erreur*, de même auſſi *tout ce qui n'eſt pas évidence n'eſt qu'opinion* ; & tout ce qui n'eſt qu'opinion eſt arbitraire & ſujet au changement. Il eſt donc évident que de ſimples opinions ne peuvent ſuffire à l'établiſſement de l'ordre naturel & essentiel des sociétés : on ne peut élever un édifice solide sur un sable mouvant ; & il est impossible qu'un ordre qui ne comporte rien d'arbitraire, qui est & doit être immuable , puisse avoir pour base un principe arbitraire , & d'autant plus inconstant, que quelque sage qu'on puisse supposer une opinion, dès qu'elle n'est point évidente, elle n'est jamais qu'une opinion ; une autre opinion , fût-elle extravagante , peut la combattre & la renverser.

CETTE derniere proposition indique clairement ce que j'entends ici par le mot *d'opinion* : je n'ai nul égard à la justesse ou à la fausseté des idées qui concourent à la former ; quelle que soit une croyance , une façon de penser, je l'appelle *opinion*, dès qu'elle n'est point le produit de l'évidence : ainsi l'opinion est ici l'opposé de l'évidence , & rien de plus.

ENTRE la certitude & le doute il n'y a point de milieu ; & il ne peut y avoir de certitude sans l'évidence : quel que soit l'objet de la certitude, si nous n'avons nous-mêmes une connoissance évidente de cet objet , il faut du-moins que

nous ne puiſſions pas douter qu'il eſt évident pour ceux ſur les témoignages deſ-
quels nous fondons notre certitude.
Ainſi c'eſt toujours de l'évidence que
la certitude réſulte ou médiatement ou
immédiatement : ou elle eſt dans l'évidence qui nous eſt prop. :, ou elle tient
à l'évidence qui eſt dans les autres.

CETTE obſervation nous montre
bien clairement que l'ordre naturel &
eſſentiel des ſociétés ne peut jamais s'é-
tablir parmi des hommes qui ne ſeroient
pas parvenus à en avoir une connoiſſance évidente ; & qu'il n'y a qu'une connoiſſance évidente qui puiſſe écarter le
doute, l'incertitude, l'arbitraire & l'in-
conſtance qu'il eſt impoſſible d'accorder
avec l'immutabilité de cet ordre naturel
& eſſentiel.

LE ſecond caractere de la connoiſſance de l'ordre eſt la publicité ; & cela réſulte de ce que l'ordre, comme je viens
de le dire, ne peut être ſolidement établi, qu'autant qu'il eſt ſuffiſamment connu. Si dans une ſociété il ne ſe trouvoit
que quelques hommes ſeulement qui
euſſent une connoiſſance évidente de
l'ordre, tant que la multitude reſteroit

dans des opinions contraires, il feroit impoffible à l'ordre de gouverner ; il commanderoit en vain , il ne feroit point obéi.

DE quelque maniere qu'une fociété fe partage entre la connoiffance évidente de l'ordre & l'ignorance, toujours eft-il vrai que fi la premiere claffe , la claffe éclairée , n'eft pas phyfiquement la plus forte , elle ne pourra dominer la feconde & l'affujettir conftamment à l'ordre ; qu'enfin l'autorité de cette premiere claffe ne pouvant alors fe maintenir qu'en raifon de la force phyfique qui lui eft propre, fon état fera perpétuellement un état de guerre inteftine d'une partie de la nation contre une autre partie de la nation.

PAR le mot de *guerre inteftine* je ne défigne pas feulement celle qui fe fait à main armée & à force ouverte ; mais j'entends parler encore de ces briganda-ges clandeftins & déguifés fous des formes légales , de ces pratiques ténébreu-fes & fpoliatrices qui immolent autant de victimes que l'artifice peut leur en ménager ; de tous les défordres en un mot , qui tendent à rendre tous les inté-

rêts particuliers ennemis les uns des autres , & entretiennent ainfi parmi les
membres d'un même corps politique,
une guerre habituelle d'intéréts contradictoires, dont l'oppofition & les efforts
brifent tous les liens de la fociété. Cette
fituation eft d'autant plus affreufe, qu'à
l'exception de la force fupérieure & dominante de l'évidence, il n'eft point dans
la nature de force égale à celle de l'opinion ; elle eft terrible dans fes écarts ; &
il n'eft aucuns moyens par lefquels on
puiffe s'affurer de la contenir toujours
dans le devoir , dès qu'elle eft livrée à
fa propre inconftance & à la féduction.

JE NE PRÉTENDS pas cependant qu'il
faille que tous les membres d'une fociété , fans aucune exception , ayent une
connoiffance également *explicite* de tous
les rapports que toutes les différentes
branches de l'ordre ont entre elles. Je
veux dire feulement que l'ordre ne peut
complettement & folidement s'établir,
qu'autant qu'on ne néglige aucune des
inftitutions fociales qui font néceffaires
à fa confervation ; que toutes ces différentes inftitutions ne peuvent être adoptées que d'après la connoiffance *explicite*
qu'on

qu'on a de leur enchaînement & de leur
néceffité ; que cette connoiffance *explicite* ne peut produire fon effet, qu'autant
qu'elle eft affez publique , pour que la
maffe des volontés & des forces qu'elle
réunit , forme une force abfolument dominante dans la fociété.

PRENEZ GARDE que par le terme d'u-
ne force abfolument dominante , je
n'entends point caractérifer cet état violent d'une domination établie fur la feule
fupériorité de la force phyfique. Cette
force dominante dont il s'agit ici a l'a-
vantage de n'avoir à vaincre aucune oppofition : les hommes qui n'ont point
comme elle , une connoiffance explicite de l'ordre confidéré dans tous fes
rapports , n'ont point la prétention
de lui réfifter & de gouverner ; il
leur fuffit que dans les regles qu'elle
établit, ils ne voient rien de contradic-
toire avec les premiers principes de
l'ordre , & les droits qui en réfultent
évidemment & invariablement pour
chacun d'eux en particulier ; d'ailleurs
ils ne peuvent jamais manquer de fe rallier d'eux-mêmes à cette force dominante , parce qu'il leur eft impoffible de ne

pas reconnoître la fageffe & la néceffité de fes inftitutions, dans les bons effets qu'elles produifent *néceffairement* en faveur de la propriété & de la liberté.

La publicité que doit avoir la connoiffance évidente de l'ordre, nous conduit à la néceffité de l'inftruction publique. Quoique la foi foit un don de Dieu, une grace particuliere, & qu'elle ne puiffe être l'ouvrage des hommes feuls, on n'en a pas moins regardé la prédication évangélique comme néceffaire à la propagation de la foi : pourquoi donc n'auroit-on pas la même idée de la publication de l'ordre, puifque cette pu-publication n'a pas befoin d'être aidée par des graces & des lumieres furnaturelles ? L'ordre eft inftitué pour tous les hommes, & tous les hommes naiffent pour être foumis à l'ordre ; il eft donc dans l'ordre qu'ils foient tous appellés à la connoiffance de l'ordre ; auffi ont-ils tous une portion fuffifante de lumieres naturelles par le moyen defquelles ils peuvent s'élever à cette connoiffance.

Par la raifon qu'il eft dans l'ordre que tous les hommes connoiffent l'ordre, il eft dans l'ordre auffi qu'ils ap-

prennent tous à le connoître ; or ils ne
peuvent y parvenir que par le moyen
de l'inſtruction. Perſonne n'ignore combien l'intelligence d'un homme a beſoin
d'être aidée par celles des autres hommes : tant qu'elle reſte abſolument iſo-
lée, elle eſt ſans force, ſans vigueur ;
elle languit comme une plante privée de
toute chaleur & ſéparée des principes de
la végétation.

JE N'ENTRERAI point ici dans les
détails des établiſſemens néceſſaires à
l'inſtruction : je me contenterai de dire
qu'ils font partie de la forme eſſentielle
d'une ſociété, & qu'ils ne peuvent être
trop multipliés, parce que l'inſtruction
ne peut être trop publique. J'ajouterai
cependant que l'inſtruction verbale ne
ſuffit pas ; qu'il faut des livres doctrinaux dans ce genre, & qui ſoient dans
les mains de tout le monde. Ce ſecours
eſt d'autant plus néceſſaire, qu'il eſt ſans
inconvénient ; car l'erreur ne peut ſou-
tenir la préſence de l'évidence : auſſi la
contradiction n'eſt-elle pas moins avantageuſe à l'évidence, que funeſte à l'erreur, qui n'a rien tant à redouter que
l'examen.

Ce que je dis ici fur la néceſſité des
livres que j'appelle doctrinaux , & fur la
liberté qui doit régner à cet égard , eſt
pris dans la nature même de l'ordre &
de l'évidence qui lui eſt propre : ou l'ordre eſt parfaitement & évidemment connu , ou il ne l'eſt pas : au premier cas ,
fon évidence & ſa ſimplicité ne permettent pas qu'il puiſſe ſe former des héré-
ſies ſur ce qui le concerne ; au ſecond
cas , les hommes ne peuvent arriver à
cette connoiſſance évidente que par le
choc des opinions : il eſt certain qu'une
opinion ne peut s'établir que ſur les ruines de toutes celles qui lui font contraires ; il eſt certain encore que toute opinion qui n'a pas l'évidence pour elle ,
fera contredite juſqu'à ce qu'elle ſoit ou
détruite , ou évidemment reconnue
pour une vérité , auquel cas elle ceſſera
d'être une ſimple opinion pour devenir
un principe évident. Ainſi dans la recherche des vérités ſuſceptibles d'une
démonſtration évidente , le combat des
opinions doit néceſſairement conduire à
l'évidence , parce que ce n'eſt que par
l'évidence qu'il peut être terminé.

Si quelqu'un s'aviſoit d'écrire pour

faire croire aux hommes qu'ils peuvent
se passer de subsistances ; qu'ils doivent faire des ouvrages sans matieres
premieres ; que changer de lieu c'est se
multiplier , ou quelqu'autre sottise semblable , il seroit fort inutile que l'autorité politique s'employât pour empêcher qu'un tel livre fît quelque sensation
dans la société : aussi, loin de s'en mettre en peine , se reposeroit-on sur l'é-
vidence des vérités contraires à ces erreurs, persuadé qu'elle se suffiroit à elle-
même, & qu'elle triompheroit sans violence de tous les efforts ridicules qu'on
voudroit lui opposer.

IL EST tellement nécessaire de laisser
au corps entier de la société la plus grande liberté possible de l'examen & de la
contradiction ; il est tellement nécessaire d'abandonner l'évidence à ses propres forces , qu'il n'est aucune autre force qui puisse les suppléer : une force
physique , quelque supérieure qu'elle
soit, ne peut commander qu'aux actions,
& jamais aux opinions. Ce qui se passe
journellement est une preuve sensible
de cette vérité : bien loin que nos forces
physiques puissent quelque chose sur no-

tre opinion, c'eft au - contraire notre opinion qui peut tout fur nos forces phyfiques ; c'eft elle qui en difpofe & qui les met en mouvement. La force commune ou fociale, qu'on nomme *force pnblique* ne fe forme que par une réunion de plufieurs forces phyfiques, ce qui fuppofe toujours & néceffaire- ment une réunion de volontés, qui ne peut avoir lieu qu'après la réunion des opinions, quelles qu'elles foient. Ce feroit donc renverfer l'ordre & prendre l'effet pour la caufe, que de vouloir donner à la force publique, le pouvoir de dominer les opinions, tandis que c'eft de la réunion des opinions qu'elle tient fon exiftence & fon pouvoir, & qu'ainfi elle ne peut avoir de la confif- tence, qu'en raifon de celle qui fe trou- ve dans les opinions mêmes ; je veux dire, qu'autant qu'elles ne font point de fimples opinions, mais bien des prin- cipes devenus immuables parmi les hommes, parce qu'ils leur font devenus évidents.

CHAPITRE IX.

Suite du Chapitre précédent. De l'Evidence ; définition de l'Evidence ; ses caracteres essentiels & ses effets. Evidence des Arguments qui prouvent la nécessité de la plus grande liberté possible dans l'examen & la discussion de l'Evidence. Force de l'opinion : ses dangers dans un état d'ignorance.

QUELQUES observations sur l'évidence, sur son caractere & ses effets , ainsi que sur la force & le danger de l'opinion dans un état d'ignorance, acheveront de mettre dans tout son jour , ce que je viens de dire sur la nécessité de l'instruction publique , & sur la liberté avec laquelle les idées que chacun se forme de l'ordre naturel & essentiel des

fociétés , peuvent être expofées & con-
tredites.

L'ÉVIDENCE , dit un de nos plus cé-
lebres Modernes , eft un difcernement
clair & diftinct des fentimens que nous
avons , & de toutes les perceptions qui en
dépendent : tel eft l'avantage qu'elle a
fur l'erreur , que celui qui fe trompe ne
connoît point la caufe de la certitude
qui réfulte de l'évidence , & que celui
qui la poffede , connoît tout à la fois
& la raifon de fa certitude , & celle
de l'erreur. Non - feulement fon caractere effentiel *eft d'être à l'épreuve de*
tout examen , mais l'examen même ne
fert encore qu'à la manifefter davantage,
qu'à la rendre plus fenfible ; qu'à lui don-
ner une force plus fouverainement domi-
nante , au-lieu qu'un examen fuffifant dé-
truit toute prévention , tout préjugé , &
établit à leur place , ou l'évidence , ou du-
moins le doute , lorfque les chofes qu'on
examine furpaffent nos connoiffances.

DIRE que l'évidence eft à l'épreuve
de *tout examen ,* c'eft affurément une
vérité évidente par elle-même , & qui
prouve que la liberté d'examiner , de

contredire

contredire l'évidence, eſt toujours &
néceſſairement ſans aucun inconvénient.

DIRE *qu'un examen ſuffiſant détruit*
toute prévention, tout préjugé, c'eſt
encore une vérité manifeſtement évidente, qui établit, comme la premiere,
la néceſſité de la liberté qui doit régner
dans l'examen & dans la contradiction;
car un examen ne peut être *ſuffiſant*
qu'autant que toutes les raiſons de douter ſont épuiſées.

DIRE que *l'examen ne ſert qu'à donner*
à l'évidence une force plus ſouverainement
dominante , c'eſt une conſéquence évidente & néceſſaire des vérités antécéden-
tes, & qui démontre que la liberté de
l'examen & de la contradiction ne peut
tendre qu'à nous ſoumettre à l'ordre d'u-
ne maniere plus *religieuſe* & plus abſolue.

DIRE enfin qu'un *examen ſuffiſant éta-*
blit l'évidence à la place de l'erreur , *tou-*
tes fois que les choſes qu'on examine ne ſur-
paſſent point nos connoiſſances , c'eſt une
derniere vérité réſultante encore évidemment de celles qui précedent, &
d'après laquelle il devient évident que
cette même liberté nous conduit *néceſ-*
ſairement à la connoiſſance évidente &

publique de l'ordre qui conftitue le meilleur état poffible d'une fociété ; car cet
ordre naturel & effentiel n'a rien qui fur-
paffe nos connoiffances : nous fommes
faits pour lui, pour le connoître & l'obferver , comme il eft fait pour nous,
pour nous procurer les plus grands biens
que nous puiffions defirer.

C'EST ainfi qu'en nous développant
les caracteres effentiels de l'évidence,
le génie créateur que je viens de citer,
nous démontre en quatre mots, la néceffité de la plus grande liberté poffible
dans la recherche & la difcuffion de la
vérité. En appliquant à l'évidence particuliere de l'ordre focial ce qu'il dit de
l'évidence en général , on apperçoit à
l'inftant combien cette même liberté &
l'inftruction publique font néceffaires
dans une fociété : pour s'en convaincre,
il fuffit de confidérer quelle feroit notre
ignorance fans les fecours de l'inftruction, & quelle eft après l'inftruction la
force irréfiftible de l'évidence , l'empire
abfolu qu'elle prend fur nous. Mais
comme il n'eft perfonne qui ne connoiffe
par lui-même le pouvoir dominant de
l'évidence , perfonne qui n'éprouve

qu'elle nous subjugue au point de faire naître en nous une volonté décidée de ne jamais nous en séparer, chacun peut, ainsi que moi, raisonner d'après ce qui se passe dans son intérieur ; il y trouvera tout ce que je pourrois dire à ce sujet.

UNE chose évidente est une vérité qu'un examen suffisant a rendu tellement sensible, tellement manifeste, qu'il n'est plus possible à l'esprit humain d'imaginer des raisons pour en douter, dès qu'il a connoissance de celles qui l'ont fait adopter. De cette espece, par exemple, sont les vérités géométriques, & généralement toutes celles qui sont démontrées par le calcul. Quand la terre seroit éternellement couverte d'hommes, aucun d'eux ne s'aviseroit de contredire ces vérités ; l'ignorance seule pourroit les méconnoître & les révoquer en doute ; mais cela ne subsisteroit qu'autant que l'ignorance ne voudroit pas s'éclairer par un examen suffisant.

EN supposant donc que les choses ne surpassent point les bornes de nos connoissances, & qu'elles ne soient point non plus de cette évidence primitive qui se manifeste par la seule entremise de nos sens, nous pouvons établir deux propositions: la premiere, qu'un examen suffisant rend tout évident; la seconde, que sans un examen suffisant il n'est rien d'évident.

Qu'on me pardonne cette expression, mais il semble que par une espece d'instinct nous connoissions, ou du-moins nous sentions le besoin que nous avons de l'évidence: nos esprits ont une tendance naturelle vers l'évidence; & le doute est une situation importune & pénible pour nous. Aussi pouvons-nous regarder l'évidence comme le repos de l'esprit; il y trouve une sorte de bien-être qui ressemble fort à celui que le repos physique procure à nos corps; on diroit même qu'il ne travaille que pour se procurer cette jouïssance.

CETTE tendance naturelle de nos esprits vers l'évidence est liée avec les deux mobiles qui sont en nous: l'appétit des plaisirs & l'aversion de la douleur ont grand intérêt de n'être point trompés dans le choix des moyens de se satisfaire; voilà pourquoi nous ne pouvons être tranquilles, qu'après que nous avons acquis une certitude qui ne peut réfulter que de l'évidence ; c'est par cette même raifon encore que la liberté d'employer tous les moyens qui conduifent à l'évidence, fait une partie effentielle de la liberté de jouir, fans laquelle le droit de propriété cefferoit d'exifter.

ON peut donc regarder l'évidence comme une divinité bien-faifante qui fe plaît à donner la paix à la terre : vous ne voyez point les Géometres en guerre au fujet des vérités évidentes parmi eux : s'il s'éleve entr'eux quelques difputes momentanées, ce n'eft qu'autant qu'ils font encore dans le cas de la recherche, & elles n'ont pour objet que des déductions ; mais fi-tôt que l'évidence a prononcé pour ou contre, chacun met bas les armes, & ne s'occupe plus qu'à jouir paifiblement de ce bien commun.

POUR fuivre cette comparaifon, & profiter de tout le jour qu'elle répand fur les objets dont il s'agit ici, de l'évidence des vérités géométriques, paffez à l'évidence des vérités fociales, à l'évidence de cet ordre naturel & effentiel qui procure à l'humanité fon meilleur état poffible ; par les effets connus de

Iiij

celle-là , cherchez à découvrir quels feroient *néceffairement* les effets de celle-ci;
quelle feroit *néceffairement* la fituation
intérieure d'une fociété gouvernée par
cette évidence ; quel feroit *néceffairement*
l'état politique & refpectif de toutes les
nations , fi elle les avoit toutes éclairées
de fa lumiere divine ; examinez fi des
hommes ralliés fous les étendarts de cette même évidence , peuvent fe divifer ;
fi quelque fujet de guerre pourroit être
affez puiffant pour les porter à lui facrifier leur meilleur état poffible & *évident;*
creufez plus avant encore , & voyez fi
les tableaux que cette médiation vous
préfente, n'excitent pas chez vous des
fenfations, ou plutôt des tranfports dont
les fecouffes vous élevent au-deffus de
vous-même , & femblent vous avertir
que , par le moyen de l'évidence , nous
communiquons avec la divinité.

MAIS pour vous rendre encore plus
fenfible à l'impreffion que ces mêmes tableaux feront fur votre cœur & fur votre
efprit , placez en oppofition tous les inconvénients qui , dans un état d'ignorance , peuvent réfulter de la force de
l'opinion.

Une chose est défendue sous peine des supplices les plus capables d'effrayer: que peuvent cette défense & ces supplices sur une opinion qui tend à les braver? Rien ; nous n'en avons que trop d'exemples.

Un homme se trouve par sa naissance, placé dans une situation qui feroit le bonheur d'un grand nombre d'autres hommes , s'ils partageoient entr'eux les avantages que lui seul réunit : que fait cet homme quand son opinion est déréglée ? Il lui sacrifie ces mêmes avantages ; il vit & meurt malheureux.

Un seul homme sans armes commande à cent mille hommes armés , dont le plus foible est plus fort que lui : qu'est-ce donc qui a fait sa force ? Leur opinion ; ils le servent en la servant ; ils obéissent à ce Chef, parce qu'ils sont dans l'opinion qu'ils lui doivent obéir.

Voulez-vous voir d'autres effets qui caractérisent la force de l'opinion ? Considérez ceux de l'honneur, de cette espece d'enthousiasme qui nous fait préférer au repos le travail & la fati-

gue, aux richeffes la pauvreté & les privations, à la vie la mort qu'il trouve le
fecret d'embellir.

L'OPINION ; quelle qu'elle foit , eft
véritablement *la Regina d'el mundo* ;
lors même qu'elle n'eft qu'un préjugé ,
qu'une erreur , il n'eft dans l'ordre moral, aucune force comparable à la fien-
ne ; féconde en preftiges de toute efpece, elle emprunte pour nous tromper , tous les caracteres de la réalité ;
fource intariffable de bien & de mal,
nous ne voyons que par elle, nous ne
voulons , nous n'agiffons que d'après
elle ; felon qu'elle eft ou n'eft pas dans
le vrai , elle fait les vertus & les vices ,
les grands hommes & les fcélérats ; il
n'eft aucun danger qui l'arrête , aucune
difficulté contre laquelle elle ne s'irri-
te ; tantôt elle fonde des Empires , &
tantôt elle les détruit.

CHAQUE homme eft ainfi fur la terre
un petit Royaume gouverné defpotiquement par l'opinion : il brûlera le
temple d'Ephèfe, fi fon opinion eft de
le brûler ; au milieu des flammes il bra-
vera fes ennemis, fi fon opinion eft de

les braver ; le physique enfin paroît en nous lui être tellement subordonné , que pour commander au physique , il faut commencer par commander à l'opinion ; mais comment peut-on commander à celle-ci , lorsqu'elle est le jouet de l'ignorance & de l'arbitraire ? Comment peut-on réunir & fixer les opinions sans le secours de l'évidence ? Ne voit-on pas que l'Auteur de la nature n'a point institué d'autres moyens pour enchaîner nos volontés & notre liberté ?

Nous devons donc regarder l'ignorance comme le principe nécessaire de tous les maux qui ont affligé la société ; & la connoissance évidente de l'ordre , comme la source naturelle de tous les biens qui nous sont destinés sur la terre. Mais comme toutes les forces physiques du monde entier ne pourroient rendre évident ce qui ne l'est pas , & que l'évidence ne peut naître que d'un examen suffisant , de la nécessité de cette évidence résulte la nécessité de l'examen ; de la nécessité de l'examen résulte celle de la plus grande liberté possible dans la contradiction ; & de plus la nécessité de toutes les institutions sociales qui doivent concourir à donner à l'évidence la publicité qu'elle doit avoir.

SECONDE PARTIE.

La Théorie de l'ordre mise en pratique.

DE LA FORME essentielle de la société : elle consiste dans trois sortes d'institutions ; celle des loix, & par conséquent des Magistrats ; celle d'une autorité tutélaire ; celle enfin de tous les établissements nécessaires pour étendre &
perpétuer dans la société la connoissance
évidente de son ordre naturel & essentiel. Dans le développement de la premiere classe de ces institutions, on voit
qu'il est deux sortes de loix ; qu'il en est
de naturelles & communes à tous les
hommes; qu'il en est de positives & particulieres à chaque nation * ; que les pre-

* Nª. Loix positives ainsi nommées par opposition aux Loix naturelles.

mieres font d'une néceflité évidente &
abfolue ; que les fecondes n'en doivent
être que le développement ou plutôt
l'application ; que l'établiffement des
Magiftrats eft d'une néceffité femblable
à celle de l'établiffement des loix ; que
leurs devoirs concourent finguliérement
à affurer la ftabilité & l'autorité de la
légiflation pofitive ; qu'ils donnent de la
confiftence au pouvoir légiflatif, fans
cependant aucunement le partager; qu'ils
font le lien commun qui unit l'État gouverné à l'État gouvernant. Que le pouvoir légiflatif eft indivifible ; qu'il ne
peut être exercé ni par la nation en corps,
ni par plufieurs choifis dans la nation ;
qu'il eft inféparable de la puiffance exécutrice ; que le Chef unique qui l'exerce,
n'eft que l'organe de l'évidence; qu'il ne
fait que manifefter par des fignes fenfibles, & armer d'une force coercitive les
loix d'un ordre effentiel dont Dieu eft
l'Inftituteur.

DANS le développement de la seconde claſſe des inſtitutions ſociales , il eſt démontré que l'autorité tutélaire eſt *une* par eſſence ; qu'on ne peut la partager ſans la détruire ; qu'elle ne peut être exercée ſans inconvénient , que par un ſeul ; que la Souveraineté doit être héréditaire ; que cette condition eſt une de celles qui ſont eſſentielles pour que le gouvernement d'un ſeul ſoit *néceſſairement* la meilleure forme poſſible de gouvernement ; que par-tout où regne une connoiſſance évidente & publique de l'ordre naturel & eſſentiel, cette forme de gouvernement eſt la plus avantageuſe aux peuples, parce qu'elle établit un véritable deſpotiſme *légal ;* qu'elle eſt auſſi la plus avantageuſe aux Souverains , parce qu'elle établit en leur faveur le véritable deſpotiſme *perſonnel :* que le deſpotiſme arbitraire n'eſt point le vrai deſpotiſme ; qu'il n'eſt point *perſonnel* , parce qu'il n'eſt point *légal ;* qu'il eſt à

tous égards contraire aux intérêts de
celui qui l'exerce ; qu'il n'eſt que faƈtice,
précaire & conditionnel, au-lieu que le
deſpotiſme *légal* eſt naturel , perpétuel
& abſolu ; que ce n'eſt que dans ce dernier que les Souverains ſont véritablement grands, véritablement puiſſants,
véritablement deſpotes ; que ce deſpotiſme *perſonnel* & *légal* aſſure le meilleur
état poſſible dans tous les points à la nation , à la Souveraineté & au Souverain
perſonnellement.

CHAPITRE X.

De la forme essentielle de la Société. Ses rapports avec la Théorie de l'ordre essentiel. Elle consiste en trois classes d'institutions sociales. Objets que renferme chacune de ces trois Classes. Nécessité de développer les rapports des deux premieres, dont l'une est l'Institution des Loix, & la seconde, l'Institution d'une autorité tutélaire.

J'AI démontré dans la premiere Partie, que le droit de propriété considéré dans tous ses rapports, est un droit naturel & essentiel ; qu'il est le premier principe de tous les droits & de tous les devoirs réciproques que les hommes doivent avoir entre eux ; que ces droits & ces devoirs, qui n'en sont que des conséquences nécessaires, deviennent essentiels comme lui , & que l'ordre naturel & essentiel des sociétés n'est au fonds que l'ordre ou l'enchaînement de ces mêmes droits , & de ces mêmes devoirs. De la théorie de l'ordre passons maintenant à la pratique ; examinons quelle est la forme qu'il doit *nécessairement* donner à la société , pour que cette réciprocité de devoirs , de droits essentiels ne puisse éprouver aucune altération, & qu'ils se trouvent être dans tous les temps tels qu'ils résultent *nécessairement* du droit de propriété.

DEUX conditions sont essentiellement requises pour que le droit de propriété soit conservé dans tout son entier : la premiere , est que ce droit soit en lui-même inébranlable , qu'il jouïsse de la plus grande sûreté possible ; la seconde, est que la plus grande liberté possible lui soit acquise invariablement ; car la plénitude du droit de propriété suppose *nécessairement* la plénitude de la liberté. La forme essentielle de la société est donc *le concours de toutes les institutions sociales qui doivent se réunir pour consolider le droit de propriété & lui assurer toute la liberté qui le caractérise essentiellement.*

CE

CE QUE j'ai dit dans le feptieme & le huitieme Chapitre de ma premiere Partie nous annonce que toutes les inftitutions qui appartiennent à la forme effentielle de la fociété , peuvent fe renfermer dans trois claffes : l'inftitution des loix ; celle d'une autorité tutélaire ; celle enfin des établiffements néceffaires pour répandre & perpétuer dans la fociété la comnoiffance évidente de fon ordre effentiel.

DANS la néceffité de l'inftitution des loix , nous trouvons , comme je l'ai déja fait obferver , la néceffité de l'inftitution des Magiftrats , tous leurs devoirs effentiels & *néceffairement* inféparables de leur miniftere , ainfi que les regles qu'il faut fuivre invariablement pour affurer à toute la fociété l'utilité qui doit réfulter de ces mêmes devoirs.

DANS la néceffité de l'inftitution d'une autorité tutélaire , nous découvrons auffi la néceffité de tous les droits dont elle doit jouïr , & celle de tous fes devoirs effentiels ; nous voyons en mêmetemps que ces derniers font liés fi effentiellement à fes véritables intérêts , & fes véritables intérêts fi fortement , fi

Tome I. K

évidemment attachés au maintien du
droit de propriété & de la liberté, qu'il
faut commencer par suppoſer l'ignorance & l'oubli total de l'ordre, non-ſeulement dans le dépoſitaire de cette autorité, mais encore dans les Magiſtrats,
& même dans tout le corps politique,
avant d'imaginer que ce dépoſitaire puiſſe former la volonté de s'écarter de ſes
devoirs, & qu'il puiſſe s'établir des pratiques dans leſquelles l'ordre ſoit compromis.

C'est pour prévenir cet oubli de
l'ordre & ſes effets funeſtes, que la troiſieme claſſe des inſtitutions ſociales eſt
néceſſaire : elle admet toutes les meſu-
res qu'on peut prendre, tous les moyens
qu'on peut embraſſer pour étendre, per-
fectionner & perpétuer la connoiſſance
évidente de l'ordre, & elle rejette tout
ce qui pourroit tendre à concentrer &
affoiblir cette connoiſſance. Au moyen
de cette troiſieme claſſe d'inſtitutions,
on verra conſtamment régner l'évidence de l'ordre naturel & eſſentiel des ſociétés, de cet ordre le plus avantageux
au corps ſocial, parce qu'il eſt le plus
avantageux à chacun de ſes membres en

particulier. Je dis qu'on verra conſtamment régner cette évidence , parce
qu'elle eſt le fléau de l'arbitraire qui ſuit
toujours devant elle ; elle ne lui per-
mettra jamais de ſe gliſſer ni dans l'état
gouvernant ni dans l'état gouverné ;
quelque déguiſement qu'il empruntât , il
porteroit toujours un caractere qui le
trahiroit , parce qu'il ne peut jamais reſ-
ſembler à celui de l'évidence.

J E n'ai rien à ajouter à ce que j'ai dit
précédemment ſur cette troiſieme claſſe
d'inſtitutions ſociales. La connoiſſance
de l'ordre ne peut être ni trop publique
ni trop évidente ; ainſi on ne peut employer trop de moyens pour aſſurer cette
évidence & cette publicité. Mais je ne
crois pas devoir paſſer auſſi légérement
ſur les deux premieres claſſes des inſtitutions qui conſtituent la forme eſſentielle de la ſociété : les rapports néceſſaires qui ſe trouvent entre les loix & l'autorité tutélaire ; entre les devoirs , les
droits & les intérêts de cette autorité ;
entre ces mêmes intérêts , ceux de la nation & les devoirs des Magiſtrats ; enfin,
entre tous ces différents objets & la théorie ou les principes de l'ordre , deman-

dent de notre part un examen rigoureux
& une attention très suivie. Ces différents rapports ont besoin d'être appro-
fondis ; ils n'ont servi jusqu'à présent
qu'à faire éclorre une multitude de syf-
têmes contraires les uns aux autres , &
féparément remplis de contradictions
frappantes. Nous pouvons regarder cette variété de fyftêmes , & même chacun
d'eux en particulier , comme une preuve convaincante que l'évidence de ces
mêmes rapports ne s'eft point encore
manifeftée : par la raifon qu'ils détermi-
nent *néceffairement* la forme effentielle
de la fociété , leur évidence auroit ban-
ni la diverfité des opinions , & toutes les
volontés fe feroient ainfi ralliées à une
même forme de gouvernement , comme étant la feule que l'ordre permette
d'adopter.

CHAPITRE XI.

Développement de la premiere Claſſe des Inſtitutions qui conſtituent la forme eſſenſielle de la Societé. Les loix s'etabliſſent en même-temps que la ſocieté. Il en eſt de deux ſortes : les unes ſont naturelles , eſſentielles & univerſellement adoptées ; les autres conſéquentes aux premieres , ſont poſitives , & particulieres à chaque ſociété ; définition des loix poſitives. Le motif ou la raiſon des loix eſt avant les loix. La raiſon des loix naturelles & eſſentielles eſt dans la néceſſité abſolue dont elles ſont évidemment. Ces loix naturelles doivent être la raiſon des loix poſitives. Deux conditions néceſſaires pour aſſurer la ſou-

miſſion conſtante aux loix po-
ſitives. Néceſſité de leur con-
formité parfaite avec les loix
naturelles & eſſentielles. Effets
funeſtes d'une contradiction qui
ſe trouveroit entre ces deux ſor-
tes de loix.

UNE MULTITUDE d'hommes raſſem-
blés , qui n'admettroient entr'eux aucuns devoirs reſpectifs , aucuns droits
réciproques , ne formeroient certainement point une ſociété : elle ne conſiſte pas uniquement dans le rapprochement des hommes; car nous ſçavons par
notre propre expérience qu'elle peut
ſubſiſter entre des hommes très - éloignés les uns des autres , & ne pas ſubſiſter entre des hommes très-voiſins. *Ce*
ſont donc les conditions de la réunion qui
font véritablement la réunion.

DE-LA s'enſuit qu'il eſt impoſſible
de concevoir une ſociété particuliere
ſans devoirs & ſans droits réciproques ;
c'eſt à-dire , ſans des conventions faites
entre les membres de ce corps politique;

pour leur intérêt commun ; par conséquent qu'il est impossible de concevoir
une société sans loix ; car les loix ne
sont autre chose que ces mêmes conventions, en vertu desquelles les devoirs
& les droits réciproques sont établis de
façon qu'il n'est plus permis de s'en écarter arbitrairement.

AINSI, que les loix soient écrites ou
qu'elles ne le soient pas, il n'en est pas
moins vrai qu'elles naissent avec la société, ou plutôt qu'elles la précedent ;
puisque c'est par elles que la société s'établit, & prend une consistence. Elles sont
donc la premiere des institutions sociales qui constituent la forme essentielle
d'une société.

DANS tous les temps les hommes ont
institué des loix pour déterminer posi-
tivement, comment le meurtre, le vol,
& d'autres crimes de cette espece seroient punis ; mais nous ne les voyons
point faire des loix pour défendre pré-
cisément de tuer, de voler, de commettre d'autres forfaits semblables. Personne cependant ne s'avisera de dire que
ces mêmes crimes ne soient pas défendus
par les loix de toutes les nations : par la

raifon qu'ils deviendroient *évidemment* deftructifs de toute fociété, les Légiflateurs ont regardé cette *évidence* comme une défenfe fuffifamment connue; & ils ont parti de-là pour établir les peines dont les contraventions à cette défenfe feroient punies.

Quoique la loi naturelle qui défend de tuer, de voler, &c. foit la même dans toutes les fociétés, elles n'infligent pas toutes les mêmes peines à ceux par qui ces crimes font commis : les loix qui ftatuent fur ces peines, peuvent être déterminées par diverfes circonftances que le Légiflateur doit pefer avec attention; & en général, le genre de la punition eft indifférent, pourvu qu'elle foit proportionnée à fa nature du délit, & aux conféquences qui en réfultent, au préjudice de l'ordre focial.

Il est donc dans une fociété deux fortes de loix : il en eft qui font naturelles, effentielles & communes à toutes les fociétés; il eft auffi des loix pofitives, & même factices qui font particulieres à chaque fociété. La juftice & la néceffité de ces loix naturelles, effentielles & univerfelles, font d'une telle évidence, qu'elles qu'elles se manifestent à tous les hommes, sans le secours d'aucun signe sensible : aussi ne sont-elles point insérées dans les recueils ordinaires des loix ; c'est dans le code même de la nature qu'elles se trouvent écrites , & nous les y lisons tous distinctement à l'aide de la raison , de cette lumiere qui *illuminat omnem hominem venientem in hunc mundum.*

Nous avons donné le nom de *positives* aux loix de la seconde espece , parce qu'elles établissent d'une maniere *positive* ce qui sans elles resteroit arbitraire, ou du-moins incertain pour la majeure partie des hommes : nous disons aussi qu'elles sont *factices*, à raison seulement de la maniere de les établir ; car leur justice n'a rien de *factice :* mais quoiqu'elles doivent toutes être conséquentes au juste absolu, elles ont cependant besoin, pour se faire connoître , d'être écrites , ou du - moins d'être établies d'une maniere qui agisse sur les sens , & qui puisse ainsi rendre leurs dispositions manifestes pour toute intelligence.

Les loix naturelles & essentielles , ouvrage d'une sagesse divine , doivent être néceſſairement les meilleures loix poſſibles, & elles ſont *immuables* comme leur Auteur. Les loix poſitives au-contraire, ouvrage des hommes, & dictées par des opinions ſujettes à l'erreur, peuvent être extravagantes, comme elles peuvent être ſages, ſelon que l'ignorance ou une raiſon ſuffiſamment éclairée préſide à leur inſtitution : il eſt clair auſſi qu'elles ne peuvent être *immuables* qu'autant que nos opinions ſont fixées par l'évidence; car il n'y a que l'évidence qui ne ſoit point ſujette au changement.

IL EST bien important de diſtinguer dans les loix, *la lettre* de la loi, & *la raiſon* de la loi. *La lettre* de la loi eſt la diſpoſition textuelle & poſitive de la loi; *la raiſon* de la loi eſt le motif qui l'a dictée. *Tu ne tueras point arbitrairement ;* voilà *la lettre* de la loi ; *car tu donnerois aux autres le droit de te tuer arbitrairement auſſi, & tu détruirois ainſi la ſociété ;* voilà *la raiſon* de la loi.

DE CETTE LOI naturelle & eſſentielle paſſons à la loi poſitive, & voyons ce que nous y trouvons. *Celui qui tuera,* nous dit-elle, *ſera puni de tel ſupplice.*

Je vois ainsi que le supplice du meurtrier n'est plus arbitraire ; qu'il doit être de *telle* espece ; voilà tout ce qu'elle m'apprend ; & je reste dans l'ignorance du motif ou de *la raison* de cette loi, si pour connoître ce motif , je ne vas le chercher dans d'autres loix antérieures à celle-ci. Mais pour peu que je me livre à cet examen , je découvre qu'avant la loi positive qui établit la peine du meurtre , il étoit une autre loi naturelle par laquelle le meurtre étoit défendu : concevant alors que cette défense est essentiellement nécessaire à la société , je vois dans cette premiere loi naturelle & essentielle , pourquoi le meurtrier doit être puni ; & ayant acquis ainsi la connoissance *évidente* de *la raison* de cette loi positive , je me trouve en état de juger de sa justice & de son utilité , ce qu'il me seroit impossible de faire , si dans cette loi , je ne connoissois que la *lettre* de la loi.

Supposons deux loix qui condamnent également à la mort , l'une pour l'homicide , l'autre pour marcher à certaines heures du jour , ou pour quelqu'autre action semblable : n'est-il pas vrai qu'elles ne feront pas toutes deux regardées du même œil ? que celle-là nous paroîtra jufte, & celle-ci tyrannique? Interrogeons nos cœurs, & voyons fi nous n'y trouvons pas une difpofition naturelle à nous foumettre à la premiere, à la défendre même de toutes nos forces, comme néceffaire à notre propre fûreté, & une autre difpofition toute oppofée qui nous incline naturellement à faifir tous les moyens qui pourront fe préfenter pour nous affranchir du joug cruel de la feconde loi.

CETTE différence dans ces deux difpofitions provient de la différence du jugement que nous portons fur le motif, fur *la raifon* de chacune de ces deux loix. *La raifon* de l'une lui imprime le caractere d'une néceffité *évidente* ; & cette *évidence* fubjugue, enchaîne fans réfiftance notre efprit & notre volonté ; *la raifon* de l'autre au-contraire ne nous préfentant rien d'effentiel, rien d'*évidemment* néceffaire, nous n'y voyons d'*évident* qu'une rigueur démefurée ; qu'une injuftice manifefte à laquelle notre fentiment intérieur, notre raifon, & conféquemment notre volonté ne peuvent s'accoutumer.

C'EST DONC dans *la raison* des loix, & non dans *la lettre* des loix, qu'il faut chercher le premier principe d'une foumiffion conftante aux loix ; car ce premier principe ne peut être autre chofe que l'empire abfolu que prend fur nos efprits *l'évidence* de la juftice & de la néceffité des loix ; or cette *évidence* n'eft jamais dans *la lettre* de la loi : ainfi pour établir généralement & invariablement cette foumiffion, il eft deux conditions effentielles : la premiere, que *la raifon* des loix foit démonftrative de leur juftice & de leur néceffité ; la feconde, qu'elle foit d'une telle *évidence*, ou du-moins d'une telle *certitude*, qu'il ne foit poffible à perfonne d'en douter.

LA RAISON des loix naturelles & effentielles eft la néceffité *abfolue* dont elles font à l'exiftence de la fociété ; néceffité dont *l'évidence* frappe, faifit tous les efprits, & qui montre *évidemment* à tous les hommes, que fi les loix pofitives étoient deftructives des loix naturelles & effentielles, elles le feroient auffi de la fociété ; qu'ainfi ces mêmes loix naturelles & effentielles doivent être

la raison primitive des autres loix , qui ne
peuvent plus en être que des conféquences évidentes, du-moins pour ceux dont
cette évidence doit invariablement régler les procédés.

Si , par exemple , une loi pofitive ne
cendamnoit l'homicide qu'à une très-
modique amende pour toute peine , on
pourroit dire que l'homicide feroit autorifé par cette loi ; qu'ainfi la loi pofitive feroit à cet égard deftructive de la
loi naturelle & effentielle , par conféquent de la fociété. Cette fuppofition
qui fe rapporte beaucoup à nos mœurs
& à nos loix anciennes dans des fiécles
d'ignorance & de barbarie dont nous
rougiffons aujourd'hui, fuffit pour faire
voir que la premiere condition requife
pour inftituer de bonnes loix pofitives ,
des loix dont l'autorité foit inébranlable, eft leur conformité parfaite & *évidente* avec les loix naturelles & effentielles des fociétés. Cette regle invariable eft le premier principe de toute légiflation : certainement une loi qui au-
toriferoit des infractions arbitraires aux
loix effentielles de l'ordre , ne feroit pas
propre à maintenir l'ordre ; & dès-lors

il feroit impoffible qu'on pût être conftamment affuré de l'obfervation de cette
loi.

LES LOIX pofitives ne doivent être
que *des réfultats évidents de l'ordre, mais
fcellés du fceau de l'autorité publique, pour
devenir ainfi des actes déclaratifs & con-
firmatifs des devoirs & des droits que les
loix naturelles & effentielles de la fociété
établiffent* néceffairement *dans chacun de
fes membres & pour leur intérêt commun.*
Si elles inftituoient des devoirs & des
droits d'une autre efpece que ceux qui
dérivent de ces loix naturelles & effentielles, ces devoirs & ces droits nouveaux ne pourroient être que contraires
aux premieres; & dans ce cas les loix pofitives feroient fans ceffe en *oppofition*
avec nos efprits & nos volontés.

Tous les droits qu'un être raifonna-
ble peut ambitionner, fe trouvent renfermés dans celui de la propriété ; car
de ce droit réfulte une liberté de jouïr
qui ne doit connoître de bornes que celles qui lui font affignées par les droits de
propriété des autres hommes. L'ordre
effentiel de la fociété déterminant ainfi
la mefure de la liberté dans chacun de

fes membres, & cette mefure fe trouvant être de la plus grande étendue qu'il
lui foit poffible d'avoir fans troubler cet
ordre effentiel, il eft impoffible de rien
ajouter à la liberté des uns qu'au préjudice de la liberté, & par conféquent de
la propriété des autres, ce qui devient
alors une injuftice, un défordre qui ne
peut être que funefte à la fociété.

JE DIS que ce défordre ne peut être
que funefte à la fociété, parce qu'il la
met dans un état violent : mon voifin
ne trouvera point mauvais qu'il ne lui
foit pas libre d'aller cueillir ou endommager mes moiffons ; mais par la même
raifon, il fupportera toujours fort im-
patiemment qu'il me foit libre d'aller
cueillir ou endommager les fiennes :
comme il eft évident à chaque homme
qu'il ne doit point troubler les autres
dans la jouïffance de leurs propriétés, il
lui eft *évident* auffi que dans la jouïffance des fiennes, les autres ne doivent
point le troubler. A la vue même d'un
femblable préjudice qui fera fait aux
autres hommes, il s'allarmera, il crain-
dra pour lui-même, & cette inquiétude
fera pour lui un tourment contre lequel

sa raison même se révoltera perpétuellement.

UNE LOI positive qui contrediroit
cette justice naturelle, choqueroit donc
l'*évidence*, blesseroit des droits qui nous
sont *évidents*, & précieux ; elle seroit
ainsi, comme je viens de le dire, en opposition avec notre sentiment intérieur
& nos volontés fixées invariablement
par cette même *évidence* ; & voilà ce
que j'appelle mettre la société dans un
état violent , parce que c'est constamment faire violence à la nature , à des
volontés qu'elle a données à tous les
hommes pour le bonheur commun de
leur espece , & que les loix positives
doivent protéger, comme étant les premiers principes de la réunion des hommes en société.

QUE cet état violent ne puisse être
que funeste à la société , je ne crois pas
que cela me soit contesté : premiérement
tout ce qui altere la liberté , altere le
droit de propriété, & diminue d'autant
les avantages que ce droit procure à la
société , lorsque le desir de jouïr & la
liberté de jouïr se trouvent réunis. En
second lieu , il faudroit changer la nature

de l'homme, déraciner en lui les mobiles qui le mettent en action, faire perdre à l'*evidence* la force dominante qu'elle a sur son esprit & sur ses volontés, pour que les hommes cessassent d'être attachés à la liberté de jouïr qui résulte du droit de propriété, & qu'ils ne cherchassent pas à se soustraire aux violences que cette liberté peut éprouver, ou du-moins à s'en dédommager. Mais alors les dédommagements & la façon de se les procurer seroient nécessairement dans l'arbitraire ; chacun ne pourroit les attendre que de sa force personnelle, & les apprécieroit au gré de son opinion qui ne connoîtroit plus de regles, puisque les loix positives seroient elles-mêmes déréglées : dans cet état de désordre chaque homme, ayant à craindre un autre homme, & par cette raison ne pouvant compter sur rien, se verroit réduit à se permettre tout ce qu'il pourroit faire, dans la crainte de ne pouvoir faire ce qu'il seroit en droit de se permettre.

Un autre mal encore, ce seroit celui des associations faites dans la vue d'augmenter la licence & les abus en

s'affurant de leur impunité : de ce cahos monftrueux on verroit fortir les
meurtres , les vols , les brigandages de
toute forte , les crimes , les excès de
toute efpece , avant - coureurs des
grandes révolutions qui , dans de pa-
reilles circonftances , n'ont jamais man-
qué d'être amenées par la corruption ,
la dépravation des mœurs , fi-tôt que
les opinions ont pu fe former un point
de réunion.

CE N'EST point affez que les loix
pofitives foient exactement conformes
aux loix naturelles & effentielles de la
fociété : cette premiere condition requife pour leur affurer une foumiffion
conftante , étant remplie , il en faut
encore une feconde , qui eft , comme
on vient de le voir , que cette conformité foit connue de maniere que perfonne ne puiffe en douter ; car elles
ne peuvent être fidélement obfervées
que *par religion de for intérieur* , religion qui ne peut s'établir que fur une
connoiffance indubitable de leur juftice
& de leur néceffité. Mais cette connoiffance ne peut être la même chez tous

les hommes : il en eſt pour qui elle doiɛ̀
être *évidente* ; il en eſt d'autres chez
leſquels elle ne peut être qu'une *certi-*
tude. On va voir dans les Chapitres ſui-
vants, que ces deux ſortes de connoiſſances ne different eſſentiellement que
dans la façon de les acquérir.

CHAPITRE XII.

*Suite du développement de la pre-
miere Classe des Institutions qui
constituent la forme essentielle
de la Société. Caractere de la
certitude que les hommes doivent avoir de la justice & de
la nécessité des loix ; comment
en général la certitude s'établit.
Impossibilité sociale que le pouvoir législatif & la Magistrature soient réunis dans la même main. Nécessité des Magistrats.*

Des hommes qui seroient persuadés
que leurs loix positives sont de mauvai-
ses loix, pourroient bien être contraints
pendant un temps à les observer ; mais
une telle soumission, qui est contre nature, ne pourroit être durable ; & il seroit impossible qu'elle ne fût pas sujette

à des écarts journaliers de la part de ceux qui croiroient les loix injustes à leur égard : *La soumission aux loix est toujours & nécessairement relative à l'idée que nous avons* de la justice & de la nécessité des loix.

Cette idée, pour être stable & permanente, doit être en nous ou une certitude primitive, qui est dans l'évidence même qui nous est propre, ou une certitude secondaire établie sur l'évidence qui se trouve dans les autres. Il ne faut pas confondre cette seconde espece de *certitude* avec la *confiance* qui ne seroit que l'effet d'une prévention ; car la prévention n'a rien de solide ; elle ne porte sur rien d'évident ; une autre prévention opposée peut même la détruire, & faire évanouïr la confiance qui en étoit le produit ; au-lieu que la certitude secondaire tient à l'évidence, sans cependant être en elle-même une connoissance évidente de la vérité qui en est l'objet. Mais pour ne point embarrasser par des expressions nouvelles, parlons le langage ordinaire, & donnons tout simplement le nom *d'évidence* à la certitude primitive, & celui de *certitude* à celle

qui n'est que secondaire ou conséquente
à la premiere.

JE N'AI jamais vu la Chine, mais je
suis certain que la Chine existe, parce
que je suis certain que ce fait est *évident*
pour beaucoup d'autres dont le témoignage uniforme & constant ne se contredit point : par ce moyen j'ai des preuves
suffisantes pour fonder, non pas une *con-*
fiance, mais une *certitude* qui me tient
lieu de l'évidence que les autres ont acquise, & sur laquelle ces preuves suffisantes sont établies. Ainsi cette certitude
n'est point en moi une évidence ; mais
cette unanimité dans les témoignages de
ceux qui ont acquis cette même évidence, cette unanimité, dis-je, qui est la
premiere cause ou la premiere occasion
de ma certitude, est évidente.

QUOIQUE l'ordre essentiel des sociétés soit fort simple dans ses principes,
ses conséquences cependant sont si multiples, & elles embrassent tant d'objets,
qu'il n'est pas possible à la majeure partie des hommes d'avoir une connoissance
explicite & évidente de la raison de toutes les loix positives, & des change-
ments que les circonstances des temps

peuvent exiger. Diverſes cauſes , dont le détail ſeroit ſuperflu , concourent pour les tenir éloignés de cette connoiſſance explicite & évidente ; mais il n'eſt aucun motif qu'on puiſſe alléguer pour les priver de cette autre connoiſſance que nous nommons *une certitude*, & qui produit ſur leur eſprit tous les effets de l'évidence.

La CERTITUDE peut ſuppléer l'évidence , mais rien ne peut ſuppléer la certitude : c'eſt une folie de croire que dans le gouvernement des hommes elle puiſſe être remplacée par la confiance : dès que celle-ci n'a pour baſe ni évidence ni certitude, elle n'eſt plus qu'un enfant aveugle de la ſéduction ; ſa foibleſſe & ſon infirmité ne permettent pas de compter ſur lui. Ainſi dans le moral ce n'eſt que ſur l'évidence , & ſur la certitude qu'elle communique à tout ce qui la touche , qu'on peut élever un édifice ſolide qui n'ait rien à redouter des écarts orageux de l'opinion, pour laquelle tout ce qui n'eſt pas évident ou indubitablement certain devient arbitraire.

La PREMIERE conſéquence que nous devons tirer de ces vérités préliminaires,

res, ceft qu'il eft *focialement* impoſſible que l'autorité légiſlative & la Magiſtrature, ou l'adminiſtration de la juſtice diſtributive, ſoient réunies dans la même main, ſans détruire parmi les hommes toute certitude de la juſtice & de la néceſſité de leurs loix poſitives : allons plus loin encore, & diſons, ſans détruire ces loix elles-mêmes ; car elles n'auroient plus ni la forme, ni aucun des caracteres eſſentiels aux loix.

COMME on a ſouvent inſtitué des formes très-vicieuſes, ce qu'on appelle *forme* eſt tombé dans une ſorte de mépris. Il eſt pourtant vrai que rien ne peut exiſter ſans une forme, & que la forme eſſentielle des choſes eſt ce qui les fait ce qu'elles ſont.

LA FORME eſſentielle des loix poſitives conſiſte *dans les ſignes ſenſibles qui manifeſtent qu'on a ſuivi l'ordre des procédés qu'il faut garder néceſſairement dans leur inſtitution,* 1°. *Pour s'aſſurer de leur juſtice & de leur néceſſité ;* 2°. *Pour rendre cette juſtice & cette néceſſité certaines à tous ceux qui ne peuvent en acquérir une connoiſſance explicite & évidente.* Or il eſt conſtant que cet ordre de procédés ne

feroit plus obfervé, fi la puiffance légiflatrice vouloit encore fe charger des
fonctions de la Magiftrature : le Légiflateur & le Magiftrat n'étant plus ainfi
qu'une feule & même perfonne , il en
réfulteroit que d'un côté le pouvoir
d'inftituer des loix ne trouveroit dans
les lumieres, & dans les *devoirs* du Magiftrat , aucune reffource contre les furprifes qui pourroient être faites au Légiflateur ; tandis que d'un autre côté,
la volonté du Légiflateur ne pouvant
dominer , enchaîner, affujettir celle du
Magiftrat , les loix les plus juftes dans
leurs difpofitions fe trouveroient incer-
taines & variables dans leur application.

PRÉSENTONS dans d'autres termes encore ces importantes vérités, pour les
rendre plus fimples & plus frappantes :
fi le Légiflateur étoit auffi Magiftrat , il
ne pourroit que couronner & confommer comme Magiftrat , toutes les mé-
prifes qui lui feroient échappées comme
Légiflateur. Si le Magiftrat étoit auffi
Légiflateur , les loix n'exiftant que par
fa feule volonté , il ne feroit point affu-
jetti à les confulter pour juger , & il
pourroit toujours ordonner comme Lé-

giſlateur ce qu'il auroit à décider comme Magiſtrat.

AINSI ce ne ſeroit que dans les ſeules
volontés du Légiſlateur qu'il faudroit
chercher *la raiſon* des loix poſitives ; car
il les inſtitueroit au gré de ſes volontés
arbitraires : & ce ne ſeroit que dans les
ſeules volontés du Magiſtrat qu'il faudroit chercher *la raiſon* de ſes jugements;
car ſon indépendance le mettroit dans le
cas de ſe permettre tout en les rendant.
Ce double inconvénient nous prouve
bien que ces loix ſeroient dépouillées de
leurs caracteres eſſentiels, qui ſont l'é-
vidence de leur juſtice & de leur néceſſité , & une indépendance abſolue de
l'arbitraire. De telles loix poſitives ne
ſeroient plus des loix, puiſque leur application devenant arbitraire & incertaine , elles n'auroient plus rien de poſitif par eſſence.

QUAND le pouvoir légiſlatif & la magiſtrature ſont ſéparés , comme ils doivent l'être , les loix une fois établies par
la puiſſance légiſlatrice , ont une autorité qui leur eſt propre , & qui leur don-
nant le droit de commander aux volontés du Magiſtrat , leur aſſure une entiere

M ij

indépendance de toutes les autres volontés. Il est certain que le Magistrat ne peut alors , & ne doit avoir d'autres volontés que celles des loix ; l'autorité qu'il exerce n'est point la sienne ; elle est celle des loix; aussi n'est-ce point en lui que cette autorité réside , mais dans les loix ; aussi ses fonctions se bornent-elles à faire l'application des loix ; aussi ne fait-il que prononcer des jugements déja dictés par les loix ; aussi est-il tenu de penser , de parler , d'ordonner comme les loix : il n'est ainsi que leur ministre, que leur organe ; & c'est par cette raison qu'elles sont en sûreté dans ses mains ; & que par état il est *nécessairement* & particuliérement le dépositaire & le gardien des loix ; disons plus encore , de la *raison primitive & essentielle* des loix ; car c'est dans cette source qu'il faut puiser les loix à faire : j'expliquerai dans un moment ce que j'entends par ces expressions.

MAIS si le pouvoir législatif & la Magistrature étoient réunis , nous ne verrions plus dans le Magistrat qu'une puissance absolument indépendante des loix, lorsqu'il s'agiroit d'en faire l'applica-

tion : ce ne feroient plus alors les volontés des loix qui deviendroient celles du
Magiftrat ; ce feroient au-contraire les
volontés perfonnelles du Magiftrat qui
deviendroient celles des loix ; fes déci-
fions ne pourroient plus être regardées
comme étant dictées par les loix , & d'a-
près leurs difpofitions invariables , puifque les loix ne feroient elles-mêmes que
des réfultats de fes opinions ; qu'elles ne
diroient que ce qu'il leur feroit dire ;
qu'elles ne voudroient que ce qu'il leur
feroit vouloir. Enfin l'autorité qui affu-
reroit l'exécution de fes prétendus jugements , feroit fon autorité perfonnelle ,
& non l'autorité des loix ; car les loix
n'ayant que celle qu'il voudroit bien
leur prêter , & qu'il pourroit à chaque
inftant leur retirer , une telle autorité qui
émaneroit de lui, qui ne fubfifteroit que
par lui, ne feroit plus rien devant lui.

AINSI au moyen de l'inconftance &
de l'incertitude qui régneroient dans les
loix pofitives ; au moyen de ce qu'elles
n'auroient ni force , ni autorité , ni confiftence ; au moyen de ce que leur application feroit toujours incertaine; de

ce que le recours aux loix deviendroit le recours à l'opinion & à la volonté arbitraire du Magistrat, on pourroit dire que dans une telle société, il n'y auroit ni loix, ni devoirs, ni droits positifs & réciproques : je laisse à juger du nom qu'on pourroit lui donner.

Nous verrons dans les Chapitres suivants que le pouvoir législatif est inséparable de la puissance exécutrice, & que cette puissance, qui par essence est indivisible, ne peut être exercée que par un seul. Cette vérité est un des plus puissants arguments qu'on puisse employer pour démontrer l'impossibilité sociale dont il est que le Législateur puisse remplir les fonctions du Magistrat. Dès qu'il ne doit exister qu'un Législateur *unique*, qu'un Dépositaire unique de toute l'autorité, c'est sa volonté *unique* qui doit ordonner & dicter les loix. Ceux qu'il appelle à ses délibérations ne peuvent avoir qu'une voix *consultative*. Si elle étoit *délibérative*, l'autorité seroit acquise à l'avis le plus nombreux, & dèslors ce ne seroit plus *un seul* qui seroit le Souverain ; la souveraineté résideroit véritablement dans le plus grand nombre des voix qui se trouveroient réunies sur un même objet.

MAIS puisque dans tous les cas où la volonté du Souverain doit prononcer, aucun des opinants ne peut avoir voix *délibérative*, il est évident que s'il vouloit exercer les fonctions du Magistrat, tous les jugements qu'il rendroit émaneroient de sa seule & unique volonté ; il jugeroit seul enfin ; & par cette raison il s'imposeroit l'obligation rigoureuse de ne jamais se tromper , obligation bien reconnue pour être au-dessus des forces de l'humanité.

QUEL est l'homme qui pourroit, sans frémir , entreprendre de rendre seul la justice à une multitude d'autres hommes ? Quel est l'homme qui pourroit se flatter que lui seul il pourroit toujours reconnoître l'injustice & la mauvaise foi , sous les dehors trompeurs qu'elles savent si bien emprunter ? La variété prodigieuse des faits , les difficultés qu'on éprouve pour en constater la vérité , les artifices qu'on emploie souvent pour la déguiser , forment un labyrinthe dans lequel on voit s'égarer les

Magiſtrats les plus éclairés, les plus in-
tegres, les plus conſommés dans l'art de
juger. Que ſeroit-ce donc ſi un homme
ſeul étoit chargé de ces pénibles & importantes fonctions ! Combien de fois,
ſans qu'il s'en apperçût, ſon cœur ſé-
duiroit-il ſon eſprit ! Quelles facilités
n'auroit-on pas pour ſe ménager cette
ſéduction ! Quelle carriere s'ouvriroit
aux prétentions arbitraires & à l'oppreſſion ! A quel excès l'eſpoir de l'impunité ne multiplieroit-il pas les crimes !
Que de comptes à rendre à la Juſtice divine par un tel Souverain ! Ce Prince
infortuné, s'il connoiſſoit le danger de
ſon état, n'oſeroit lever les yeux vers le
Ciel.

Je pourrois alléguer beaucoup d'autres raiſons pour prouver l'impoſſibilité
ſociale de la réunion de la Magiſtrature
à l'autorité légiſlative ; mais il ſeroit inutile de m'appeſantir ſur une vérité connue depuis une multitude de ſiécles ; &
dont les conſéquences ſont miſes en pratique chez tous les peuples qu'on peut
regarder comme formant des ſociétés. Je
peux donc avancer, ſans craindre d'être
contredit, que de la néceſſité *ſociale* des
loix

loix positives , résulte la nécessité *sociale* des Magistrats. Cependant quoique tous les hommes soient d'accord sur cet article , il paroît qu'on ne connoît point encore assez les rapports essentiels de cette nécessité avec l'existence de la société ; & c'est par cette raison que je crois nécessaire d'en faire un examen particulier.

CHAPITRE XIII.

Seconde suite du Chapitre XI. Comment s'établit parmi les peuples la certitude de la justice & de la necessité des loix positives. Les Magistrats sont un des premiers & des plus puissants fondements de cette certitude : par état ils doivent avoir une connoissance évidente de la raison essentielle des loix positives : rapports de leurs devoirs essentiels avec la justice & la necessité des loix. Ils sont, plus particuliérement que les autres membres de la société, gardiens & défenseurs des loix. La Magistrature est, par le moyen des loix, le lien commun de la société.

L ES Magistrats dépositaires, gardiens & organes des loix, deviennent, en quelque forte, des loix vivantes ; & par cette raison, la Magistrature occupe *nécessairement* dans la société la place marquée pour les loix, entre la puissance législatrice & tous ceux qui doivent obéir aux loix. Dans tous les temps on l'a regardée comme formant le lien commun qui unit l'État gouverné à l'État gouvernant, & c'est à juste titre ; car ce lien si précieux est l'ouvrage des loix : fans elles il feroit impossible au corps politique de fe former. Or tout ce qu'on doit *nécessairement* attribuer aux loix, on doit également l'attribuer à la Magistrature, dont les fonctions font de faire parler & agir les loix, d'exercer l'autorité des loix, de manifester la volonté des loix, d'en faire l'application, & de leur donner ainsi une existence, une réalité qu'elles ne peuvent obtenir que par le ministere des Magistrats qui *s'identifient*, pour ainsi dire, avec les loix.

JE DIS, qui *s'identifient*, & cette expression n'a rien de forcé ; car si les loix ne peuvent parler que par la bouche du Magistrat, les paroles du Magistrat ne peuvent être que l'expression des volontés des loix ; elles habitent en lui ; elles

N ij

vivent & penſent en lui; & c'eſt parce que les loix & le Magiſtrat ſe confondent ainſi, que la ſûreté néceſſaire aux loix doit être commune à la perſonne du Magiſtrat comme organe des loix.

Maintenant on doit appercevoir aiſément toute l'influence que les Magiſtrats doivent avoir ſur la ſoumiſſion aux loix. La plupart des hommes étant hors d'état de s'élever à une connoiſſance explicite & évidente de la raiſon des loix poſitives, ceux-là, comme je l'ai dit, ne peuvent avoir qu'une certitude de la Juſtice & de la néceſſité de ces loix; mais cette certitude ſi néceſſaire pour fixer leurs eſprits, & aſſurer leur ſoumiſſion conſtante aux loix, comment peut-elle s'établir chez eux, ſi leurs ſens ne ſont frappés par des preuves ſuffiſantes de cette Juſtice & de cette néceſſité? Or ces preuves, pour être ſuffiſantes, doivent toujours & *néceſſairement* avoir pour fondement le témoignage des Magiſtrats, puiſqu'ils ſont publiquement reconnus & inſtitués pour être les dépoſitaires & les gardiens des loix; puiſque comme gardiens & comme Juges, ils doivent être éclairés par l'évidence de *la*

raifon primitive & effentielle des loix ;
puifqu'enfin la fincérité de leur témoignage eft encore elle-même atteftée ,
certifiée par l'hommage impartial que
lui rend une multitude d'hommes éclairés qui doivent fe trouver dans une nation , dès que nous y fuppofons publique la connoiffance évidente de l'ordre
effentiel de la fociété.

LES TITRES de dépofitaires , de gardiens des loix pofitives , & de la *raifon
primitive & effentielle* de ces loix , ne
font point des qualifications purement
honorifiques , de vains titres fans fonctions: ce font au-contraire des titres in-
dicatifs de fonctions réelles , de *devoirs
indifpenfables* dans le Magiftrat , & dont
l'inftitution eft d'une néceffité abfolue ,
comme celle de toutes les autres branches de l'ordre effentiel de la fociété.

QUOIQU'ON puiffe dire à jufte titre
que l'évidence parle & fe rend fenfible ,
cependant malgré celle qui doit fe trouver dans les loix, nous les reconnoiffons
pour être *muettes* , en prenant cette expreffion dans le fens phyfique. Or elles
peuvent fe trouver dans le cas d'avoir à
fe défendre contre des furprifes qui pour-

roient être faites à la puissance législatrice ; surprises d'autant plus dangereuses, qu'elle doit seule disposer de la force publique, comme on le verra dans les Chapitres suivants. Les loix alors n'ont donc à opposer à la volonté de cette puissance que leur justice & leur nécessité. Mais puisqu'elles sont muettes physiquement, comment peuvent-elles mettre en évidence cette justice & cette nécessité ? Dans ce cas, comme dans tous les autres, elles ne peuvent s'exprimer que par la voix de ceux qui sont chargés de parler pour elles : ainsi le Magistrat, comme organe physique des loix, *est particulièrement* chargé de la défense des loix.

CE QUE je dis des loix faites nous montre quels sont les devoirs des Magistrats par rapport aux loix à faire : comme elles doivent être toutes puisées dans les loix naturelles, qui sont *la raison primitive & essentielle* de toutes les autres loix, l'évidence de cette *raison primitive & essentielle* est, pour ainsi dire, un dépôt dans leurs mains, & ils en doivent compte à la puissance législatrice, à la nation, à Dieu même dont cette évidence nous manifeste les volontés suprêmes.

TOUTES ces vérités font fi fimples, fi évidentes par elles-mêmes, qu'il fuffit de les préfenter dans leur ordre naturel, pour qu'elles deviennent fenfibles fans le fecours d'aucune démonftration.

PUISQUE les loix font muettes phyfi-quement, & qu'il faut des loix pofitives, il faut donc auffi des Magiftrats qui foient les organes phyfiques des loix.

PUISQUE les Magiftrats font les orga-nes phyfiques des loix, il faut donc qu'ils parlent pour les loix & comme les loix, dans tous les cas où les loix ont à parler.

PUISQU'ILS doivent parler pour les loix & comme les loix, chaque fois qu'il y a néceffité, il faut donc qu'ils foient tenus de prendre toujours la dé-fenfe des loix, par conféquent qu'ils foient conftitués dépofitaires & gardiens des loix.

PUISQU'ILS doivent toujours veiller à la garde & à la défenfe des loix, il faut donc qu'ils ayent une connoiffance évidente de la juftice & de la néceffité des loix,& conféquemment de leur *raifon primitive & effentielle*; car ce n'eft qu'a-vec cette évidence qu'ils peuvent combattre pour les loix, contre les furprifes faites à l'autorité.

Puisqu'ils doivent toujours avoir pour guide l'évidence de la raifon primitive & effentielle des loix, le témoignage évident qu'ils rendent aux loix nouvelles, & contre lequel la partie éclairée de la nation ne réclame point, eft donc pour les autres hommes une preuve fuffifante qui établit en eux la certitude de la juftice & de la néceffité de ces nouvelles loix; or cette certitude étant ce qui affure néceffairement une foumiffion conftante aux loix, la Magiftrature fe trouve être ainfi le lien commun qui unit l'État gouverné à l'État gouvernant pour la profpérité commune de ces deux États.

Il ne faut pas croire cependant que les titres de dépofitaires & de gardiens des loix n'appartiennent qu'aux Magiftrats exclufivement : le premier, le vrai dépofitaire & gardien général des loix, c'eft la nation elle-même à la tête de laquelle eft le Souverain. Rigoureufement parlant, le dépôt & la garde des loix ne peuvent appartenir qu'à ceux qui font armés de la fupériorité de la force phyfique pour procurer à ce dépôt la sûreté dont il a befoin effentiellement. Cela pofé, c'eft la nation en corps qui eft naturellement & néceffairement dépofitaire & gardienne de fes propres loix, parce qu'il n'eft point dans la nation de force phyfique égale à celle qui réfulte de la réunion des fiennes. Mais comme cette force nationale n'agit que d'après la volonté du chef qui la commande, on peut dire dans un autre fens, que c'eft au Souverain que le dépôt & la garde des loix doivent appartenir.

FAUTE de s'entendre il s'eft formé de grands débats fur cet article qui a donné lieu à toutes fortes de prétentions; mais il eft aifé de les terminer en difant : Il eft phyfiquement & focialement impoffible que la sûreté des loix ait un autre principe que l'évidence de leur juftice & de leur néceffité, parce qu'il n'y a que cette évidence qui puiffe réunir au foutien des loix, toutes les opinions, toutes les volontés & toutes les forces. Les dépofitaires & les gardiens naturels des loix font donc tous ceux qui fe trouvent appellés à poffder cette évidence : ainfi le Souverain qui doit toujours la pren-

dre pour son guide, est le dépositaire &
le gardien naturel des loix ; ainsi la nation, que je suppose éclairée par l'évidence publique de l'ordre essentiel des
sociétés, qui conséquemment doit être
composée d'une multitude d'hommes
instruits de *la raison primitive & essentielle* des loix, est aussi leur dépositaire &
leur gardien naturel; ainsi les Magistrats,
qui par un devoir indispensable de leur
état, sont *plus particuliérement* qu'aucun
membre de la société, obligés d'être
pénétrés de l'évidence répandue publiquement dans la nation ; qui comme Juges, deviennent, pour ainsi dire, envers le Souverain & la nation, caution
de cette évidence & de ses avantages, se
trouvent *plus particuliérement* aussi les
dépositaires & les gardiens des loix.

Ce que je viens de dire sur les conséquences résultantes de la qualité de
Juge, semble exiger quelque développement : si l'obligation d'avoir une connoissance évidente de la justice & de la
nécessité des loix, & d'être leur défenseur, est inséparable de l'état du Magistrat considéré comme organe des
loix, la même obligation est bien plus

rigoureufe encore dans le Magiftrat
confidéré comme Juge , comme Miniftre de la Juftice , dont les loix politives
ne doivent être que des réfultats.

QUELQU'UN pourroit-il honnêtement
contefter que dès qu'une injuftice eft
évidente , il n'eft plus permis à aucun
homme de lui prêter fon miniftere ?
Quelle que foit la loi naturelle & effentielle qui rende *évidente* une injuftice ,
cette loi eft un ordre de la Divinité, dont
rien ne peut fufpendre l'exécution , fi-
tôt qu'il eft *évidemment* connu. Hélas !
que deviendroit l'humanité, fi *l'évidence*
d'une juftice *abfolue* ne conftituoit pas
les hommes dans *l'obligation* étroite de
ne pas prêter leur miniftere pour la vio-
ler. Mais fi ce devoir eft *abfolu* dans
tous les hommes indiftinctement , quelle
nouvelle force n'acquiert-il pas dans les
Magiftrats , qui , comme Miniftres de la
Juftice , joignent à l'obligation commune de s'y conformer , l'obligation particuliere de la faire obferver.

Si vous détruifez le jufte & l'injufte
abfolus , par conféquent l'exiftence des
devoirs *abfolus* , & l'obligation *abfolue*
de ne jamais s'en écarter au mépris de

leur évidence , je vous défie d'imaginer aucun moyen de donner quelque confiftence à la fociété ; je vous défie d'inftituer un pouvoir qui puiffe fe communiquer fans courir rifque de fe détruire ; je vous défie d'établir une puiffance dont la perfonne & l'autorité foient en sûreté.

Depuis le Souverain , quel qu'il foit, jufqu'au dernier de fes fujets , la communication de fon autorité fouveraine forme une chaîne de pouvoirs intermédiaires & fubordonnés les uns autres, au moyen de laquelle il tient dans fa main tout ce qui fe trouve fous fon empire. Tous les dépofitaires en fous-ordre de fon autorité peuvent être réduits à deux efpeces : les uns font chargés de l'adminiftration de la juftice , les autres de la force coercitive : s'il n'eft point de devoirs abfolus & évidents pour ceux-là , il n'en eft point pour ceux-ci : dès-lors je ne trouve plus cette chaîne ; elle eft rompue , ou plutôt il eft impoffible qu'elle exifte : l'obéiffance elle même n'eft plus une chofe fur laquelle on puiffe compter dans ce fyftême , puifqu'il n'admet aucun devoir abfolu. Remarquez en cela comme on ne peut éviter de tomber dans les contradictions les plus abfurdes, fi-tôt qu'on veut s'écarter de l'ordre : on rejette les devoirs abfolus pour ne point mettre de bornes à l'obéiffance ; & comment ne voit-on pas que par une conféquence néceffaire de ce principe, l'obéiffance ceffe auffi d'être un devoir, qu'ainfi en voulant l'étendre on la détruit ?

CEUX qui défendent ce fyftême diront peut-être qu'ils ne nient point entiérement l'exiftence des devoirs abfolus, mais qu'ils n'en admettent qu'un feul, qui eft celui de l'obéiffance : hé bien, j'adopte pour un moment leur façon de penfer ; & en conféquence je leur fais obferver qu'ils rendent arbitrairement defpote quiconque eft revêtu d'un commandement particulier. Mais le Souverain, dira-t-on, devient defpote par ce moyen : qu'elle erreur ! & moi je vous foutiens qu'il détruit fans reffource fon autorité. Le Souverain ne peut commander perfonnellement qu'à un très-petit nombre d'hommes qui font autour de lui ; ceux-ci au-contraire commandent à une multitude d'autres hommes :

si cette multitude est dans l'obligation absolue de toujours leur obéir, n'est-il pas évident qu'ils se trouvent nécessairement plus forts, plus réellement despotes que le Souverain même ? Et s'il reste contre leur despotisme arbitraire quelque ressource, c'est celle que nous trouvons dans la progression de ce même despotisme, qui se communique à tous ceux qui commandent en sous-ordre, & à raison de la portion d'autorité qui leur est confiée. Ainsi celui qui a cent hommes à ses ordres est arbitrairement despote vis-à-vis de ces cent hommes ; celui qui en a mille, l'est aussi vis-à-vis d'eux ; de même celui qui commande à vingt mille, à cent mille, le nombre n'y fait rien ; le despotisme arbitraire est le même dans tous les rangs du commandement, quoiqu'il n'en résulte pas la même force.

Voyez-donc dans ce systême combien les effets qu'il produit sont contraires à ceux qu'on se propose : tandis qu'on veut rendre le Souverain plus indépendant, on le met dans une dépendance qui doit le faire trembler à chaque instant ; & pour vouloir ériger son auto-

rité en pouvoir arbitrairement defpotique , on la détruit , en affurant à chacun
de ceux qui commandent , une obéiffance abfolue au gré de leurs volontés arbitraires ; dans ce cahos monftrueux il
faut n'avoir aucune forte de commandement pour ne point être defpote ; tous
ceux qui en ont un , font tellement defpotiques , qu'au moyen de l'obéiffance
abfolue qui leur eft due immédiatement,
ils peuvent trouver les moyens de s'affranchir de celles qu'ils doivent à leur
tour. De-là réfulte une chofe bien fingu-
liere ; c'eft que cette chaîne de defpotes
arbitraires eft une chimere ; le defpotifme ne réfide plus véritablement que dans
les Commandants les plus inférieurs ;
c'eft-à-dire , dans ceux qui commandent
immédiatement aux hommes dont l'o-
béiffance eft le partage unique : cela pofé , plus de defpotifme dans le Souverain.

Nous devons donc regarder comme
un crime de lefe-majefté divine & humaine , l'action de foutenir qu'il n'eft
point de devoirs abfolus dont on ne
peut s'écarter , fi-tôt qu'ils font évi-

dents. En vain on m'objectera que cette regle est dangereuse, en ce qu'on peut prendre pour évident ce qui ne l'est pas. Cette méprise ne peut avoir lieu que dans un état d'ignorance, état où je ne connois rien dont on ne puisse abuser, & qui ne soit susceptible d'inconvénient. Je veux bien que dans cet état de désordre *nécessaire* cette loi sainte ne soit pas suivie : mais qu'on me dise donc celle qu'on pourra lui substituer. Dans l'état d'ignorance tout est arbitraire, & par cette raison l'application de cette loi seroit arbitraire aussi. Mais la cause des abus qui en résulteroient, seroit dans l'ignorance, & non dans la loi ; ainsi ces mêmes abus ne sont point à craindre partout où l'évidence de l'ordre est publiquement répandue, & c'est le cas que nous supposons.

Il est donc certain qu'aucun homme, sans se rendre coupable envers le Ciel & la terre, ne peut se charger de juger d'après des loix *évidemment* injustes ; il cesseroit alors d'être un Ministre de la justice, pour devenir un Ministre d'iniquité. Si quelque loi, par exemple,

exemple , ordonnoit qu'un homme fût condamné au dernier supplice , sur la seule dénonciation d'un autre homme , & même sans aucune preuve de l'existence du délit imputé , n'est-il pas *évident* qu'une telle loi seroit homicide ? N'est-il pas *évident* encore que le barbare , le furieux qui prononceroit des condamnations d'après cette loi monstrueuse , en partageroit l'atrocité , & deviendroit homicide comme elle ?

Il faut pourtant ou aller jusqu'à dire qu'on pourroit être , sans crime , l'organe d'une telle loi , & le ministre de ses abominations, ou convenir qu'un Magistrat ne doit prêter son ministere à aucune loi *évidemment* injuste ; car s'il *le peut* pour une loi , il *le peut* pour toutes, quelque coupables qu'elles soient ; *l'évidence* des excès , des outrages faits dans l'humanité à la Divinité même ne peut plus l'arrêter.

Un Magistrat qui jugeroit sur des loix dont l'injustice lui seroit *évidente*, agiroit en cela comme un Médecin qui traiteroit ses malades suivant des méthodes prescrites par une autorité aveu-

gle fur cet objet , & qu'il connoîtroit
évidemment pour n'être propres qu'à leur
donner la mort. Mais, me dira-t-on, ne
peuvent-ils pas pécher par ignorance ?
Non ; ils ne le peuvent pas , parce qu'é-
tant obligés de ne fe décider que d'a-
près *l'évidence* , dans tous les cas qui en
font fufceptibles, ils ne doivent point
embraffer une profeffion pour laquelle
ils n'ont pas les connoiffances fuffifantes. Qu'eft-ce qui oblige un homme de
fe faire Médecin , quand fon ignorance
l'expofe à commettre journellement des
affaffinats ? Qu'eft-ce qui oblige un homme de fe faire Magiftrat , quand fon
ignorance l'expofe journellement à dé-
grader la Magiftrature , à trahir les intérêts qui lui font confiés ? Comment
peut-il fe regarder comme un Miniftre
de la juftice , s'il n'en a pas une connoiffance évidente ? Et comment peut-il
connoître évidemment la juftice, s'il ne
la voit pas évidemment dans les loix ,
ou plutôt dans *la raifon primitive & effentielle* des loix.

QUELQUE frappants, quelque démon-
ftratifs que ces arguments puiffent être ,

ils acquierent encore une nouvelle force, pour peu qu'on faſſe attention à la grande ſimplicité de l'ordre, de ces loix naturelles & eſſentielles qui doivent être *la raiſon primitive* de toutes les autres loix. Propriété & li erté, voilà les deux points fondamentaux de l'ordre eſſentiel des ſociétés. Une fois qu'on eſt pénétré de la juſtice & de la néceſſité de ces deux loix divines; une fois que l'évidence de leur juſtice & de leur néceſſité eſt publiquement répandue dans une nation, il n'eſt plus poſſible que la conformité ou la contradiction des nouvelles loix avec les principes immuables de l'ordre ne ſoient pas évidentes, non-ſeulement pour le corps des Magiſtrats, mais encore pour tous les hommes qui n'ont point perdu l'uſage de la raiſon.

DE MESME que le Médecin eſt tenu d'avoir une connoiſſance *évidente* de la nature & des effets des remedes qu'il eſt dans le cas d'employer, de même auſſi le Magiſtrat eſt tenu d'avoir une connoiſſance *évidente* de la juſtice & de la néceſſité des loix qu'il ſe charge *librement* de faire obſerver. Il ne lui eſt donc permis de juger les hommes qu'après avoir pénétré scrupuleusement dans la raison ... s loix, & avoir acquis *l'évidence* de leur justice ; voilà son premier devoir indispensable : ajoutez-y maintenant une seconde obligation qui est également essentielle en lui , celle de ne jamais prêter son ministere à des loix *évidemment* injustes , & voyez s'il est possible qu'il ne soit pas le dépositaire , le gardien & le défenseur des loix ; s'il est possible que le témoignage public qu'il rend *librement* à la sagesse des loix nouvelles , ne soit pas regardé comme le résultat d'une *évidence* acquise par un examen suffisant ; s'il est possible qu'un témoignage de cette importance , vérifié , pour ainsi dire , & contrôlé par la publicité des connoissances *évidentes* répandues dans la nation , n'établisse pas *nécessairement la certitude* de la justice & de la nécessité de ces mêmes loix dans tous ceux qui ne peuvent en acquérir une connoissance évidente ; s'il est possible enfin d'imaginer un motif de persuasion qui puisse suppléer celui que fournit un témoigna-

ge d'autant plus authentique, qu'il ne
doit & ne peut s'annoncer, que comme un jugement qu'un devoir rigoureux ne permet de rendre qu'après que
l'*évidence* même l'a dicté.

CHAPITRE XIV.

Développement de la seconde classe des Institutions qui constituent la forme essentielle de la société. L'autorité tutélaire consiste dans l'administration de la force publique dont le premier principe doit être la force intuitive & déterminante de l'évidence. Premieres observations tendant à prouver que le pouvoir législatif est inséparable de cette autorité.

C'EST à juste titre que la seconde classe des institutions qui constituent la forme essentielle de la société, nous représente l'autorité tutélaire toujours armée de la force publique , toujours précédée par l'évidence : il est sensible que l'administration de la force publique ne peut jamais être séparée de l'autorité tutélaire ;

car c'eft dans cette force que réfide l'autorité. Il eft fenfible auffi que toutes les
réfolutions de cette autorité doivent être
dictées par l'évidence de leur juftice &
de leur néceffité ; car la force publique,
qui eft elle-même l'autorité, n'acquiert
de la confiftence qu'autant que la force
intuitive & déterminante de l'évidence
en eft le premier principe : le développement de cet enfemble eft peut-être la
partie la plus intéreffante de cet ouvrage.

CE que nous nommons *autorité* eft le
droit de commander, qui ne peut folidement exifter, c'eft-à-dire, ne rien
perdre dans *le fait* de ce qu'il eft dans *le
droit*, fans *le pouvoir phyfique* de fe faire
obéir. Un tel *droit* n'en feroit plus un,
fi *dans le fait* l'obéiffance étoit arbitraire, fi elle n'étoit dépendante que de la
feule volonté de celui qui obéit. Mais
pour qu'elle ne le foit pas, il faut qu'elle
fe trouve affujettie par un *pouvoir phyfique* qui ne peut réfulter que de la fupériorité *de la force phyfique*.

LE droit de commander & le pouvoir phyfique de fe faire obéir ne font
donc exactement qu'une feule & même
autorité préfentée fous deux noms diffé-

rents, parce qu'il est deux différentes
façons de la considérer : à raison de la
maniere dont elle s'établit, elle *est un
droit*, parce qu'elle est le résultat d'une
convention : & plus encore, parce que la
justice & la nécessité de ses volontés doivent toujours être marquées au coin de
l'évidence : à raison de la maniere dont
elle doit agir sur la résistance que des de-
sirs déréglés pourroient lui opposer,
elle est un *pouvoir physique*, une force
coercitive formée naturellement & nécessairement par la réunion des volontés
qui ont fait entre elles cette convention,
& qui toutes doivent être enchaînées par
cette évidence dont je viens de parler.

Ou le principe de la réunion des volontés est évident, ou il ne l'est pas : au
premier cas, ce principe est immuable,
& la réunion se trouve avoir la plus
grande solidité possible : au second cas,
ce principe, qui n'est qu'arbitraire, n'a
rien de constant, & la réunion doit
éprouver toutes les variations dont une
opinion arbitraire est susceptible.

La réunion des volontés pour opé-
rer celle des forces particulieres ; la réunion des forces particulieres pour for-

mer

mer une force commune, une force publique ; le dépôt de cette force publique dans la main d'un chef, par le miniftere duquel elle puiffe commander &
fe faire obéir ; voilà comment s'établit
l'autorité tutélaire ; voilà comme elle
n'eft autre chofe qu'une force phyfique
réfultante d'une réunion de volontés,
& par conféquent comme il lui eft impoffible d'être ni puiffante, ni bien affer-
mie, fi la force intuitive & déterminante de l'évidence n'eft pas le principe de
cette réunion.

DANS un fens on peut dire que le
droit de commander n'appartient qu'à
l'évidence ; car dans l'ordre naturel ,
l'évidence eft l'unique regle de conduite que l'Auteur de la nature nous ait
donnée. Mais tous les hommes ne font
pas également fufceptibles de faifir l'é-
vidence ; & quand ils le feroient tous,
l'intérêt du moment eft fouvent fi pref-
fant en eux , que l'évidence du devoir
ne pourroit fuffire pour contenir l'appétit des jouiffances, quand il fe trouveroit défordonné. Il faut donc que parmi les hommes, l'autorité naturelle de
l'évidence foit armée d'une force phyfi-

que & coercitive, & qu'ainsi la puissance législatrice, quoiqu'elle commande
au nom de l'évidence, dispose de la
force publique, pour assurer l'observation de ses commandements.

QUEL QUE SOIT le dépositaire ou
l'administrateur de la force publique,
le pouvoir législatif est son premier at-
tribut ; car il faut que l'évidence nous
soit connue avant qu'elle puisse asservir
nos volontés, & que les loix soient instituées avant que l'autorité puisse s'occuper du soin de les faire observer. Dicter des loix positives c'est *commander* ;
& par la raison que nos passions sont
trop orageuses pour que le droit de
commander puisse exister sans le *pouvoir
physique* de se faire obéir, le droit de
dicter des loix ne peut exister sans *le
pouvoir physique* de les faire observer. Il
ne peut donc jamais être séparé de l'administration de la force publique &
coercitive. Ainsi la puissance exécutrice, celle qui dispose de cette force, est
toujours & *nécessairement* puissance législatrice.

SI, pour former deux puissances,
on place dans une main le pouvoir lé-

giflatif, & dans une autre le dépôt de la force publique, à laquelle des deux faudra-t-il obéir, lorſque les loix de la premiere & les commandements de la ſeconde ſeront en contradiction ? Si l'obéiſſance alors reſte arbitraire, tout ſera dans la confuſion ; & comme on ne peut obéir en même-temps à deux commandements contradictoires, il faut qu'il ſoit irrévocablement décidé lequel doit être exécuté par préférence : or il eſt évident que cette déciſion ne peut avoir lieu, ſans détruire une de ces deux puiſſances, pour n'en plus reconnoître qu'une ſeule dominante, à la voix de laquelle toutes les volóntés, toutes les forces doivent ſe rallier pour faire exécuter conſtamment ſes commandements, ſans que rien puiſſe en empêcher. Ainſi quelques tournures, quelques modifications qu'on veuille donner à un tel ſyſtême, il arrivera néceſſairement que ces deux autorités ſe réuniront, & ſe confondront dans une ſeule ; que la puiſſance légiſlatrice deviendra puiſſance exécutrice, ou que la puiſſance exécutrice deviendra puiſſance légiſlatrice.

LA MANIERE dont ſe forme la force

publique démontre bien évidemment
que le pouvoir légiflatif eft inféparable
de l'adminiftration de cette force : nous
venons de voir qu'elle n'eft que le produit d'une réunion de volontés ; qu'ainfi
elle ne peut être folidement établie ,
qu'autant que la force intuitive & déterminante de l'évidence eft le principe
de cette réunion. Mais dès que les loix
pofitives ne doivent être elles-mêmes
que des réfultats évidents des loix naturelles & effentielles de la fociété , il
faut *néceffairement* ou qu'elles ne foient
pas ce qu'elles doivent être , ou que la
force publique leur foit acquife par l'é-
vidence de leur juftice & de leur néceffité. Comment donc fe pourroit-il que
la force publique ne fût pas conftamment aux ordres du légiflateur , puifque
le principe conftitutif de cette force doit
toujours être dans les loix qu'il établit ?
Comme la vérité & l'erreur ne peuvent
jamais donner les mêmes réfultats , les
opinions , les volontés & les forces peuvent très-bien fe divifer dans une nation
qui n'a nulle connoiffance évidente de
l'ordre naturel & effentiel de la fociété ;
& de cette divifion peuvent naître plu-

fieurs autorités. Mais un tel défordre ne
peut avoir lieu par-tout où une connoiffance explicite & évidente de cet ordre
effentiel eft publiquement établie : l'évidence, qui eft *une*, réunit tous les efprits, toutes les opinions ; il n'eft plus
alors qu'une feule volonté, une feule
force publique, une feule autorité : ainfi
puifqu'elle eft feule & unique, elle fe
trouve être *néceffairement* & tout à la
fois puiffance légiflatrice & puiffance
exécutrice : à elle appartient le droit de
diéter les loix ; à elle appartient le pouvoir de les faire obferver.

CHAPITRE XV.

Suite du Chapitre précédent. Dieu est le premier Auteur des loix positives. Définition du pouvoir législatif parmi les hommes : le Législateur ne fait qu'appliquer les loix naturelles & essentielles aux différents cas qu'il est possible de prévoir, & leur imprimer, par des signes sensibles pour tous les autres hommes, un caractere d'autorité qui assure l'observation constante de ces loix. Rapports de l'autorité législative avec celle de l'évidence. Le pouvoir législatif est indivisible. Combien les devoirs essentiels des Magistrats lui sont précieux à tous égards : au moyen de ces devoirs & de l'évidence de l'or-

dre, ce pouvoir eſt abſolument ſans inconvénients dans les mains de la puiſſance exécutrice.

———————

On doit remarquer ici que le terme de *faire* des loix eſt une façon de parler fort impropre, & qu'on ne doit point entendre par cette expreſſion, le *droit* & le pouvoir d'imaginer, d'inventer & d'inſtituer des loix poſitives qui ne ſoient pas déja *faites*, c'eſt-à-dire, qui ne ſoient pas des conſéquences néceſſaires de celles qui conſtituent l'ordre naturel & eſſentiel de la ſociété. Une loi poſitive ne peut jamais être indifférente au point de n'être ni *bonne* ni *mauvaiſe ;* car elle eſt néceſſairement l'un ou l'autre, ſelon qu'elle eſt ou conforme ou contraire à cet ordre eſſentiel. Si elle étoit abſolument indifférente, elle n'auroit point d'objet poſitif ; & dès-lors elle ne feroit plus une loi poſitive. Mais comme le pouvoir légiſlatif ne peut être inſtitué que pour établir de bonnes loix poſitives, des loix dont la raiſon primitive ſoit dans celles que Dieu nous a di-

êtées lui-même , & felon lefquelles toute
fociété doit être gouvernée , ce pouvoir
n'eft plus dans le Légiflateur que *le droit
exclufif de manifefter par des fignes fenfi-*
bles aux autres hommes , les réfultats des
loix naturelles & effentielles de la fociété ,
après qu'ils lui font devenus évidents , &
de les fceller du fceau de fon autorité ,
pour leur imprimer un caraĉtere qui foit
pour tous les efprits & toutes les volontés le
point fixe de leur réunion.

CETTE définition , en nous appre-
nant que les loix pofitives doivent porter l'empreinte d'une autorité qui affure
leur obfervation , nous ramene encore à
la vérité que je viens de-démontrer , à
reconnoître que le pouvoir légiflatif eft
inféparable de l'adminiftration de la force publique ; car fans cette adminiftration le Légiflateur , & par conféquent
les loix pofitives feroient fans autorité.

J'AI DIT précédemment que les loix
pofitives n'étoient que l'application & le
développement des loix naturelles & effentielles ; le pouvoir légiflatif n'eft donc
autre chofe que le pouvoir d'annoncer
des loix déja faites néceffairement , &
de les armer d'une force coercitive :

ainfi de quelque point que nous partions
nous nous trouvons toujours dans l'impoffibilité de féparer le pouvoir légiflatif & l'adminiftration de la force publique ; car les loix pofitives ne deviennent ce qu'elles font, qu'autant que cette
force leur devient propre.

QUELQUE fimples, quelque évidentes que foient les vérités contenues dans
le Chapitre précédent, c'eft encore aujourd'hui une grande queftion parmi les
hommes, de favoir dans quelles mains
le pouvoir légiflatif doit être dépofé
pour le plus grand bien de la fociété ;
mais tous leurs débats fur cet article
tiennent à une fauffe idée qu'on s'eft formée du pouvoir légiflatif, & qui a pris
naiffance dans les abus qu'on a faits de
ce pouvoir, dès les premiers moments
qu'il a commancé à s'établir : alors l'inftitution d'une puiffance exécutrice n'é-
toit point l'ouvrage de l'évidence ; par
cette raifon les volontés & les forces ne
pouvoient jamais avoir un point fixe de
réunion.

COMME on a vu beaucoup de mauvaifes loix fe fuccéder les unes aux autres
dans toutes les fociétés particulieres,

fans porter d'autre caractere que celui d'une volonté arbitraire & momentanée, on s'eft perfuadé que l'autorité légiflati-ve étoit le pouvoir de *faire arbitraire-ment* toutes fortes de loix pofitives , quelque injuftes, quelque déraifonna-bles qu'elles puffent être : on n'a pas vu que ces loix bifarres n'étoient que des fruits de l'ignorance ; on n'a pas vu que fi les hommes peuvent *faire* de mauvai-fes loix, ce n'eft que parce qu'ils peu-vent fe tromper ; que fe tromper & faire de mauvaifes loix eft un malheur, un accident de l'humanité , & nullement *un droit*, une prérogative de l'autorité ; que le pouvoir légiflatif n'autorife , en quelque forte, *à faire* de mauvaifes loix, que parce qu'il n'eft point feul & par lui-même un préfervatif contre la fur-prife & l'erreur ; que pour l'en garan-tir , il faut que le Légiflateur foit aidé par un concours de lumieres & de de-voirs établis dans des hommes qui *fans participer en rien à fon autorité*, doivent cependant fe réunir & faire force autour de lui ; que felon qu'il eft ou n'eft pas fécondé par ces lumieres & ces devoirs, le pouvoir légiflatif eft ou n'eft pas fuf-

ceptible d'abus ; qu'ainſi les inconvénients qu'on lui attribuoit, ne ſont point
dans ce pouvoir même, mais ſeulement
dans des circonſtances qui concouroient
à l'égarer, & qui ne peuvent ſe rencontrer que dans des temps d'ignorance.

Il n'eſt jamais entré dans l'eſprit d'un
Légiſlateur que ſon autorité lui donnât
le droit de faire des loix *évidemment* mau-
vaiſes : en tous cas, il ſeroit tombé dans
une ſinguliere contradiction ; car *un*
droit ſuppoſe une convention expreſſe
ou tacite, une réunion de volontés déterminées librement par un intérêt commun, ou par la force d'une néceſſité abſolue dont l'évidence leur eſt ſenſible.
Comment donc pourroit-on s'imaginer
que cette réunion, qui n'a qu'un bien
pour objet, pût ſe perpétuer, s'il en
réſultoit *évidemment* un mal ? On ne
peut eſpérer de maintenir cette réunion
par la force ; car *la force n'exiſte qu'a-*
près la réunion, & par la réunion. Qu'on
ſe rappelle ici que dans la ſociété les
droits ne ſont établis que ſur les devoirs ;
or certainement le premier devoir d'un
Légiſlateur doit être de ne point *faire*
des loix *évidemment* contraires aux in-

térêts de la société . puifque fon autorité n'eft inftituée que pour protéger ces
mêmes intérêts.

Si un defpote Afiatique me foutenoit
qu'il eft en droit de faire une loi *évidemment* mauvaife , je lui dirois : Si vous
en pouvez une , vous en pouvez deux,
vous les pouvez toutes , quelles qu'elles
foient : eſſayez-donc d'en faire une pour
permettre l'homicide volontaire , ou
pour défendre de cultiver. Là, fans doute fes prétentions s'arrêteroient ; & dans
la raifon qu'il fentiroit de lui-même
pour ne pas les porter jufqu'à cet excès,
je puiferois des arguments fimples, mais
invincibles, qui lui feroient comprendre
que dans aucun cas fon autorité ne peut
empiéter fur le domaine de l'évidence.

Les vérités dont il s'agit ici de-
mandent une grande précifion : il faut
bien faifir que tous mes raifonnements
font fondés fur la force irréfiftible de
l'évidence que je fuppofe acquife à des
hommes qu'on voudroit affujettir à des
loix *évidemment* contraires à l'ordre &
au bonheur de la fociété. Ainfi ne per-
dons pas de vue cette fuppofition ; car
fans l'évidence nous fommes forcés d'a-

bandonner les fociétés à tous les égare-
ments de l'opinion, fans que rien puiffe
remédier aux maux qui doivent *néceffairement* en réfulter.

Je conviens donc que. par-tout où
l'on vit dans l'ignorance fur ce qui conftitue l'ordre naturel & effentiel des fociétés, un Légiflateur peut, comme je
l'ai dit, faire de mauvaifes loix, parce
qu'on n'en connoît pas de meilleures,
mais ces mauvaifes loix ne le font pas
évidemment ; car fi l'évidence de ce
qu'elles ont de vicieux fe manifeftoit,
l'ignorance difparoîtroit, & dès-lors
l'intérêt commun & *évident* du Légiflateur & de la nation conduiroit à la ré-
forme de ces loix, ou du-moins les ré-
duiroit à refter fans aucune exécution.

La funefte prérogative de pouvoir
faire de mauvaifes loix fuppofe donc
toujours l'ignorance dans le Légiflateur
& dans la nation ; elle fuppofe que les
vices de ces loix ne font, & ne peuvent
être éclairés par l'évidence : ainfi quelque extenfion qu'on veuille donner à
l'autorité légiflative, toujours eft-il
vrai qu'on ne pourra jamais lui attribuer *le droit* de pouvoir contredire ma-

nifeſtement l'*évidence*, & que *le droit* de
dicter des loix ſera *néceſſairement* établi
ſur *le devoir eſſentiel* de n'en point faire
qui ſoient *évidemment* deſtructives des
biens qu'elles doivent aſſurer à la ſociété.

Mais , me dira-t-on, ce devoir eſſentiel n'eſt point, par lui-même, une
ſûreté : qu'eſt-ce donc qui peut empêcher la puiſſance légiſlatrice de s'en écarter ? A cela je réponds que ce ſont les
intérêts perſonnels & évidents de cette
puiſſance , qui ne peut trouver que dans
l'ordre *ſon meilleur état poſſible ;* que
c'eſt encore cette force irréſiſtible que
l'évidence de l'ordre acquiert par ſa publicité : voilà les cautions qui ſont la ſûreté que vous demandez ; ſûreté d'autant plus complette , que d'un côté vous
ne pouvez ſuppoſer dans la puiſſance
légiſlatrice , l'intention d'anéantir un
devoir qui évidemment eſt tout à ſon
avantage ; tandis que d'un autre côté
il n'eſt pas au pouvoir des hommes de
faire perdre à l'évidence l'empire abſolu
qu'elle exerce naturellement ſur eux ,
& d'empêcher que par le moyen de ſa
publicité , ſon autorité deſpotique ne

foit toujours le principe conftant d'une force phyfique à laquelle toute autre force eft obligée de céder.

ON voit maintenant ce que j'ai voulu dire par ce concours de lumieres & de devoirs établis dans des hommes, qui, fans partager aucunement l'autorité légiflative, doivent cependant faire force pour mettre le Légiflateur à l'abri des furprifes & de l'erreur : ces hommes font les Magiftrats qui ne peuvent rendre d'après les loix, une juftice qui n'eft pas dans les loix ; qui avant de juger les autres hommes, font ainfi tenus d'avoir une connoiffance *évidente* de la juftice & de la néceffité des loix ; qui ne peuvent, fans crime, fans ceffer d'être des Miniftres de la Juftice, prêter léur miniftere à des loix *évidemment* injuftes ; qui par une fuite des devoirs dont ils font fpécialement chargés envers le Souverain & la nation, fe trouvant plus particuliérement que leurs autres concitoyens, dépofitaires & gardiens, non-feulement des loix pofitives, mais encore des loix naturelles & effentielles inftituées pour être *la raifon primitive* des autres loix, doivent toujours être

éclairés par l'évidence de cette *raifon* ;
pour la faire connoître au Légiflateur,
dans tous les cas où on feroit parvenu à
égarer fon opinion, à lui fuggérer des
loix contraires à fes véritables intentions,
à fes propres intérêts, & à ceux des autres membres de la fociété.

QUELQU'UN s'imaginera peut - être
que les devoirs de la Magiftrature, tels
que je les repréfente ici, font deftructifs
du pouvoir légiflatif : cette méprife feroit d'autant plus groffiere, que ces mêmes devoirs ne peuvent que procurer à
ce pouvoir, la plus grande confiftence
& la plus grande folidité poffible, fans
jamais lui porter la plus légere atteinte ;
mais pour démontrer clairement cette
vérité, il faut remonter à la véritable
idée qu'on doit fe former du pouvoir
légiflatif.

ON VIENT de voir que le pouvoir
légiflatif n'eft point le pouvoir de faire
arbitrairement des loix *évidemment* mauvaifes, *évidemment* deftructives des biens
qu'on attend de l'exercice de ce pouvoir,
& qui font l'objet de fon inftitution. Les
hommes en fe réuniffant en fociétés particulieres pour être plus heureux, n'ont

jamais

jamais pu fe propofer un établiſſement qui *dût évidemment & néceſſairement* les rendre plus malheureux : une contradiction ſi ſenſible, ſi évidente entre la fin & les moyens n'eſt pas dans l'humanité : nous pouvons bien nous tromper, ne pas nous rendre à l'évidence, faute de la connoître ; mais nous n'allons pas juſqu'à la contredire ſciemment & de propos délibéré ; & quand nous avons formé une volonté, il n'eſt pas en nous de prendre pour arriver à notre but, une voie qui nous en écarte *évidemment*.

Si cependant il étoit une nation aſſez déraiſonnable pour inſtituer chez elle un tel pouvoir arbitraire, je conviens qu'il ne pourroit ſe concilier avec les devoirs rigoureux dont les Magiſtrats ſont chargés dans l'ordre naturel & eſſentiel des ſociétés ; mais auſſi dans une telle nation ces devoirs n'exiſteroient pas, & les Magiſtrats ne ſeroient pas Magiſtrats. La preuve que j'en donne eſt que dans une ſociété *les devoirs* dans les uns ſuppoſent *néceſſairement des droits* dans les autres, & que là où il n'y auroit point *de droits* il n'y auroit point *de devoirs*. Or les membres de cette nation

Tome I.   Q

n'auroient entre eux aucuns *droits réci-*
proques ; car *des droits* & un pouvoir *ar-*
bitraire pour en ordonner au gré de son
caprice , font deux chofes *évidemment*
incompatibles. Comme on ne connoîtroit ainſi dans une telle nation que des
ordres *arbitrairement* donnés , & que ,
rigoureuſement parlant , elle feroit *ſans*
droits & ſans loix , il en réſulteroit qu'elle feroit auſſi *ſans Magiſtrats :* l'autorité
n'auroit beſoin que d'eſclaves pour être
les inſtruments de ſes volontés *arbitrai-*
res.

ABANDONNONS cette hypothèſe chimérique pour nous rapprocher de la nature & du vrai : le pouvoir légiſlatif n'eſt
au fonds que le pouvoir d'inſtituer de
bonnes loix poſitives : or de *bonnes* loix
poſitives font des loix parfaitement conformes à l'ordre naturel & eſſentiel des
ſociétés ; elles ne font donc *bonnes* qu'autant qu'elles font puiſées dans l'évidence
de cet ordre eſſentiel ; qu'elles font , en
un mot , dictées par cette évidence même au Légiſlateur : mais dans ce cas , ſes
volontés ne peuvent jamais rencontrer
d'oppoſition ni dans les Magiſtrats , ni
dans la nation , dès que nous la ſuppo-
ſons éclairée.

LA LÉGISLATION positive peut être regardée comme un recueil de calculs tout faits ; car les loix positives ne font que les résultats d'un examen dans lequel on a , pour ainsi dire , calculé les droits & les devoirs essentiels de chaque membre de la société dans les cas prévus par ces loix. Lorsque ces calculs sont justes, ils ne peuvent éprouver aucune contradiction ; plus on les vérifie & plus leur justesse devient manifeste & publique ; mais s'ils ne le font pas, leur erreur est *évidente* pour quiconque est en état de calculer ; & s'il est des Magistrats qui soient tenus de prendre ces calculs pour regles de leurs jugements, il est *évident* qu'ils ne le peuvent pas, à moins que ces calculs ne soient réformés : au-lieu de rendre justice , ils feroient des injustices *évidentes* , ce qui feroit en eux le comble de l'atrocité. En pareil cas cependant on ne pourroit pas dire que ceux qui auroient relevé de telles erreurs , partagent ou détruisent l'autorité à laquelle elles feroient échappées au moment qu'elle auroit dressé ces calculs pour qu'on s'y conformât ; elle conserveroit toujours dans son entier la plénitude du pouvoir légiſlatif, qui certainement ne peut jamais s'étendre juſqu'à faire qu'une erreur *évidente* devienne une vérité : Dieu même n'a pas un tel pouvoir ; & quelque étendue que puiſſe être l'autorité légiſlative, elle ne peut jamais rendre poſſible dans un homme ce qui eſt impoſſible dans Dieu.

Les loix poſitives ne devant rien avoir que d'*évident*, il ne peut donc jamais ſe trouver de la contrariété dans les opinions ſur le fait de leur inſtitution, que par une mépriſe ou une erreur qui n'eſt jamais auſſi dans les intentions de la puiſſance légiſlatrice ; car il eſt de ſon intérêt perſonnel de ne rien inſtituer qui ſoit évidemment contraire aux loix naturelles & eſſentielles qui conſtituent ſon meilleur état poſſible à tous égards, & doivent être la raiſon primitive de toutes ſes volontés. Mais ces ſortes de mépriſes ou d'erreurs ne peuvent avoir lieu dans une ſociété où la connoiſſance *évidente* de l'ordre eſt publique, où par-conſéquent, la puiſſance légiſlatrice elle-même, le corps des Magiſtrats & la majeure partie de la nation ſont toujours & *néceſſairement* éclairés par cette évidence, & se trouvent ainsi n'avoir qu'un même esprit , & qu'une même volonté.

IL EST donc certain que les devoirs des Magistrats sont entiérement à l'avantage de l'autorité législative dans une nation instruite, telle que nous la supposons. Cette autorité , dont les intérêts personnels sont en tout point les mêmes que ceux de la nation , n'a rien à craindre que les méprises ; & de-là nous pouvons juger combien doit lui être utile & précieux un corps de citoyens institués pour être , plus particuliérement encore que tous les autres , dépositaires & gardiens de l'évidence même ; qui en cette qualité sont chargés de veiller sans cesse autour de l'autorité législative ; de placer toujours entre elle & la mauvaise volonté des hommes ignorants ou mal intentionnés , le bouclier impénétrable de l'évidence ; d'assurer aux loix enfin une soumission générale & constante , en établissant la certitude de leur sagesse , dans tous ceux qui ne sont pas en état d'en acquérir par eux-mêmes une connoissance évidente.

L'AUTORITÉ législative ne peut avoir

que l'ignorance pour ennemi : celui qui
a pofé les bornes de nos connoiſſances
évidentes, a en même-temps auſſi pofé
les bornes de cette autorité ; & c'eſt
vouloir la détruire que de chercher à lui
donner ou plus ou moins d'étendue. Il
n'y a point de milieu entre ſe conformer à l'ordre naturel & eſſentiel des ſociétés, ou renverſer ce même ordre ; car
il n'eſt fuſceptible ni de plus ni de moins,
attendu qu'il fait partie de l'ordre phyfique auquel les hommes ne peuvent
rien changer. Cet ordre eſt ce qui procure les plus grands avantages poſſibles
à l'État gouvernant & à l'État gouverné;
& l'autorité légiſlative ne peut s'en écarter qu'au préjudice de l'un & de l'autre :
pour qu'elle trahiſſe ſes intérêts perſonnels dans ceux de la nation, il faut donc
qu'elle ſoit féduite ; or elle ne peut l'ê-
tre, qu'autant que l'ignorance rend poſ-
fible la féduction. Mais dans ce cas cette
autorité court des riſques évidents ; car
le propre de l'ignorance eſt de précipi-
ter les hommes dans l'arbitraire ; par-
conféquent de rendre tout incertain,
inconſtant, variable en un mot, au gré
des opinions que rien ne peut fixer, &

dont il eſt impoſſible de prévoir les
écarts.

ON me déſapprouvera peut-être de
revenir ſi ſouvent ſur la même vérité ;
mais auſſi tout m'y ramene malgré moi :
la force irréſiſtible de l'évidence eſt le
ſeul fondement ſolide ſur lequel on puiſſe établir un pouvoir légiſlatif : la ſoumiſſion aux loix ne peut être ni vraie,
ni générale, qu'autant qu'elle eſt d'accord avec nos volontés ; & elle ne peut
l'être, qu'autant que l'évidence, ou du-
moins la certitude de la ſageſſe des loix
eſt répandue dans la nation.

M'OBJECTEROIT-ON que l'autorité
légiſlative, diſpoſant de la force publique, peut aſſurer, par le moyen de cette force, l'obſervation de ces loix, quelles qu'elles ſoient ; mais, comme on l'a
déja vu, cette force publique n'exiſte
point par elle-même ; elle eſt le produit
d'une réunion, de pluſieurs forces : or
pour opérer cette réunion il faut recourir à la force intuitive & déterminante
de l'évidence, ou à ſon défaut, employer des moyens dont on ne peut ſe
ſervir ſans les détruire, & qui s'éteig-
nent tous les jours, quand les loix po-

fitives font deftructives de l'ordre effentiel des fociétés. Dans ce dernier
cas, une telle autorité eft réduite à devenir elle-même l'inftrument de fa perte,
à ne pouvoir chercher fa confervation
que dans des expédients qui ne peuvent
qu'accélérer fa chûte.

Les bornes de nos connoiffances evi-
dentes font donc les bornes naturelles du
pouvoir légiflatif, parce qu'il n'y a que
l'évidence qui puiffe réunir conftamment
tous les efprits & toutes les volontés
dans un même point d'obéiffance : la
force phyfique & publique, établie fur
la force irréfiftible de l'évidence, fe perpétue d'elle-même ; cette force irréfiftible tient à la conftitution de l'homme ;
elle s'arme de ce qui eft en lui pour dominer fur lui ; elle fubjugue fes volontés fans offenfer fa liberté ; elle enno-
blit ainfi l'obéiffance en la faifant participer à la fageffe du commandement ;
elle eft celle enfin par laquelle il a plu au
Créateur que le genre humain fût invariablement gouverné , & conféquemment la feule qui puiffe convenir à l'établiffement du pouvoir légiflatif.

Mais toutes fois que cette force naturelle

turelle de l'évidence fera le fondement du pouvoir légiflatif, il eft clair qu'il embraffera tout ce qui peut devenir évident, & qu'il fera *focialement* impoffible de le divifer : tous les efprits étant ralliés à l'évidence, il ne fe trouvera plus qu'une feule & unique volonté, par conféquent une feule & unique autorité. Ce n'eft donc que par un effet naturel de l'ignorance, qu'il peut arriver que ce pouvoir foit partagé dans plufieurs mains : ainfi l'ignorance, comme contraire *à l'unité* d'autorité, & comme propre à lui donner une extenfion déméfurée, qui ne peut que lui devenir funefte, eft pour l'autorité légiflative un écueil dangereux, & le feul dont elle doit toujours s'éloigner.

ON pourra peut-être m'oppofer encore que des exemples multiples de tous les pays & de tous les fiecles prouvent que la Magiftrature n'eft point un préfervatif contre l'inftitution des mauvaifes loix ; mais ces exemples font-ils choifis chez des nations qui avoient une connoiffance évidente de l'ordre, ou appartiennent-ils à des peuples livrés à l'arbitraire, parce

Tome I. R

qu'ils l'étoient à l'ignorance & à l'erreur?
Dans ce dernier cas l'objection milite-
roit pour moi , & non contre moi : les
effets du défordre & ceux de l'ordre ne
peuvent jamais fe reffembler ; & certainement on ne peut rien conclure des uns
aux autres : dans un état de défordre
tout tend au mal , & dans l'ordre tout
tend au bien ; au moyen de quoi le mal
arrive *néceffairement* dans le premier ,
& le bien *néceffairement* dans le fecond.

Je ne jette les yeux fur aucune nation , fur aucun fiecle en particulier : je
cherche à peindre les chofes telles qu'elles doivent être *effentiellement* , fans confulter ce qu'elles font ou ce qu'elles ont
été , dans quelque pays que ce foit. Comme la vérité exifte par elle-même, qu'elle
eft vérité dans tous les lieux & dans tous
les temps ; fi-tôt que par l'examen & le
raifonnement , nous fommes parvenus à
la connoître avec évidence & dans toutes les conféquences *pratiques* qui en réfultent, les exemples qui paroiffent con-
trafter avec ces conféquences , ne prouvent rien , fi ce n'eft que les hommes qui

s'en font écartés , n'avoient pas une
connoiſſance évidente de cette vérité,
& que leur ignorance leur a fait perdre les avantages qu'ils en auroient retirés.

L'ORDRE eſt un aſſemblage de différentes cauſes agiſſant réciproquement
les unes ſur les autres : détachez un ſeul
de ſes reſſorts, les autres n'ont plus d'a-
ction. Si , par exemple , vous ſuppoſez
une nation ignorante, je ne ſais plus par
quels moyens vous parviendrez ſûre-
ment à raſſembler dans le corps de la
Magiſtrature , toutes les lumieres qu'il
doit avoir ; comment vous pourrez le
maintenir conſtamment dans l'état où il
doit être ; comment vous le préſerverez
toujours de la tiédeur & des influences
d'un intérêt particulier déſordonné. Il
faut donc dans cette hypothèſe , que les
Magiſtrats reſtent privés de la connoiſſance explicite & évidente de l'ordre naturel & eſſentiel des ſociétés , & des devoirs eſſentiels que cet ordre leur impo-
ſe ; mais alors l'autorité légiſlative ſe
trouve ſans défenſe contre la ſurpriſe
& l'erreur ; les intérêts de cette au-

torité même, & ceux de toute la fociété font compromis, & de-là , naiffent *néceffairement* des abus qu'on re-
grette , mais trop tard , parce qu'on
n'apprend à les connoître que par les
effets funeftes dont ils font toujours
fuivis.

Il est certain que l'ordre ne peut
être obfervé qu'autant qu'il eft *fuffifamment* connu; il eft certain encore qu'il
n'eft *fuffifamment* connu que lorfqu'il
l'eft avec toute *l'évidence* dont il eft fufceptible ; il eft certain enfin que s'il eft
des hommes qui foient *néceffairement*
obligés d'en avoir une connoiffance *évidente* , ce font principalement les Magiftrats, puifque fans cette connoiffance
ils ne peuvent être véritablement Magiftrats. Ainfi toute fociété dont les inftitutions tendroient à les difpenfer de
la néceffité de cette connoiffance *évidente* , feroit dans un état de défordre ; &
les malheurs contre lefquels les Magiftrats ne lui auroient été d'aucun fecours , ne pourroient être propofés
comme exemples , pour prouver que
dans l'état contraire , dans un état con-

forme à l'ordre , leur miniftere , aidé
de la publicité de cette *évidence* , n'eft
pas ce qui doit conftamment nous garantir de ces mêmes malheurs.

CHAPITRE XVI.

Le pouvoir législatif ne peut être exercé que par un seul. Examen particulier du système qui défere le pouvoir législatif à la nation en corps : contradictions évidentes que ce système renferme.

Que le droit de dicter des loix qui ne font que l'expreſſion de l'évidence, ne puiſſe être féparé du droit de difpoſer les forces que cette même évidence réunit au foutien de ſes loix, & qu'ainſi la puiſſance légiſlatrice & la puiſſance exécutrice ne puiſſent être qu'une feule & même puiſſance, je crois que ce font des vérités ſuffiſamment démontrées. La grande queſtion eſt donc de favoir dans quelles mains il convient mieux de placer la puiſſance exécutrice ; s'il eſt dans l'ordre eſſentiel des fociétés qu'il n'y ait qu'un feul dépoſitaire de la force publique, ou fi cet ordre permet que cette force fe partage entre plufieurs.

ON NE PEUT former cette queftion qu'autant qu'on fuppofe qu'il s'agit d'un gouvernement à inftituer parmi des hommes vivants dans l'ignorance, & n'ayant nulle idée de l'ordre naturel & effentiel des fociétés : par-tout où regne une connoiffance évidente & publique de cet ordre, il eft phyfiquement impoffible qu'il puiffe fubfifter un autre gouvernement que celui d'un feul. Je réferve pour les Chapitres fuivants la démonftration évidente de cette vérité : je me propofe feulement dans celui-ci de faire voir tout le faux d'un fyftême fort accrédité, fuivant lequel le pouvoir légiflatif ne peut être exercé que par la nation en corps

CE SYSTEME doit le jour à l'idée qu'on s'étoit formée d'une égalité qu'on croyoit voir dans les conditions des hommes confidérés dans ce qu'on a nommé l'état de pure nature, c'eft-à-dire, dans celui qui a précédé l'inftitution des fociétés particulieres & conventionnelles. La premiere contradiction qui fe fait remarquer dans cet enfemble, c'eft

R iv

que la loi de la propriété, cette loi fon-
damentale des fociétés, cette loi qui eft
la raifon primitive de toutes les autres
loix, fe trouve *néceffairement* exclufive
de l'égalité. Cette égalité chimérique,
qui eft d'une impoffibilité phyfique dans
quelque état que vous fuppofiez les
hommes, n'a donc jamais pu donner
le droit de participer au pouvoir d'inftituer des loix, puifque le maintien de
l'égalité n'étoit pas l'objet des loix qu'il
s'agiffoit d'inftituer.

Supposez deux hommes feulement ;
à raifon des différences qui fe trouveront
entre leurs facultés, ainfi qu'entre les
hafards qu'ils rencontreront, leurs conditions ne feront point égales : faites que
pour s'entre-aider mutuellement, ils
forment une fociété ; elle n'aura point
certainement pour but d'établir entre
eux l'égalité ; car à ce marché l'un ga-
gneroit & l'autre perdroit, auquel cas
ce dernier ne confentiroit point à la fociété ; mais leur objet fera de rendre
meilleur l'état de chacun d'eux, en proportion des avantages dont il jouïffoit
déja, & qui doivent le fuivre en fociété.

Ainsi avant l'inftitution des fociétés

particulieres & conventionnelles les hommes avoient des droits qui dans le fait étoient inégaux ; & ces sociétés n'auroient jamais pu se former, si l'on se fût proposé de faire cesser cette inégalité qui tient au droit de propriété, premier principe constitutif de toute société. Les conventions ou les loix essentielles à l'institution des sociétés ont au-contraire *nécessairement* dû se proposer de faire respecter l'inégalité que ces droits avoient entre eux, & dont on ne pouvoit changer les proportions sans blesser cette justice par essence qui les avoit elle-même déterminées.

Cependant si nous consultions chaque homme en particulier, nous trouverions en général qu'ils voudroient tous avoir des droits & point de devoirs, recevoir beaucoup & ne donner rien. Ce penchant naturel ne leur permet pas d'être Législateurs ; aussi l'Auteur de la nature ne leur a-t il point laissé les loix à faire ; mais il leur présente des loix toutes faites, & il leur a donné une portion de lumiere suffisante pour en connoître évidemment la justice & la nécessité. Le pouvoir législatif ne peut donc appartenir *de droit* qu'à ceux qui ont acquis cette connoissance évidente, & ce pouvoir ne peut être exercé sans aucun inconvénient, qu'autant que la force de cette évidence n'est point combattue par celle des intérêts particuliers ; car alors il y auroit à craindre que celle-ci ne devînt dominante. Cette seule observation suffit pour prouver que le pouvoir légiflatif ne peut être le partage d'une nation, d'une multitude d'hommes parmi lesquels il subfiste & doit subfister des droits inégaux, & qui cependant voudroient tous féparément que l'inégalité fût en leur faveur.

Un des grands arguments qu'on emploie pour prouver que la nation doit être elle-même la puiffance légiflatrice, c'est de dire que les hommes ont dû commencer par être en commun les Inftituteurs de leurs loix en formant des fociétés particulieres. Mais en cela même on fe trompe groffiérement ; car dans l'origine des fociétés particulieres, les hommes n'ont eu rien à faire que de fe foumettre à des loix déja faites, à des loix fimples dont la juftice & la néceffité étoient pour chacun d'eux de la même évidence.

DANS ces premiers temps les hommes étoient peu nombreux , & les rapports qu'ils avoient entre eux n'étoient pas multiples , comme ils le font devenus à mesure que la population s'est accrue. Tant que les loix ont pu conserver ce premier degré de simplicité , on peut dire , en quelque sorte , que tous les hommes étoient Législateurs, parce que cette simplicité leur rendoit sensible à tous la justice & la nécessité des loix auxquelles ils se soumettoient librement , quoique *nécessairement.*

IL NE faut pas confondre une société naissante avec une société formée : quand il s'agit de se réunir en société, chacun est *nécessairement* Législateur , parce qu'il n'y a point encore d'État gouvernant , & que chacun est le maître de ne pas souscrire aux conditions de la réunion. Mais lorsqu'une société renferme une multitude d'hommes très-nombreuse , & qu'il s'agit de constater d'une maniere claire & positive tous les devoirs & tous les droits réciproques qu'ils doivent avoir entre eux , cette multitude ne peut plus être législatrice , il ne s'agit plus pour elle d'établir des loix , mais

feulement de développer les conséquences de celles qui déja font établies , &
d'en faire l'application aux différents cas
qui doivent fe préfenter fucceflivement.
Ceux qui compofent cette multitude ne
peuvent alors s'attribuer de telles fonctions : en les exerçant ils fe trouveroient être juges & parties ; & l'oppofition de leurs intéréts particuliers les mettroit dans la néceflité de recourir à la
force pour les faire valoir. Il devient
donc d'une néceflité abfolue que le pouvoir législatif foit dépofé dans des mains
qui n'ayent rien de commun avec les
motifs qui peuvent concourir à l'égarer;
qu'il foit confié dans tout fon entier à
une puiffance qui ne puiffe avoir d'autre
intérêt que celui de conferver , par rapport à chacun en particulier , l'ordre
des devoirs & des droits tels qu'ils doivent être *néceffairement* d'après les loix
fondamentales & conftitutives de la fociété. Or il eft évident , ainfi que je le
démontrerai, que cette puiffance ne peut
être que le Souverain , tel que l'ordre
effentiel des fociétés veut qu'il foit inftitué.

Ceux qui ont adopté l'idée de déférer à une nation le pouvoir légiflatif, ont *encore* imaginé de la confidérer comme ne formant qu'un feul corps ; & de-là, ils ont conclu que ce corps ne devoit avoir d'autre Légiflateur que lui-même, parce qu'il ne pouvoit recevoir des loix que de fes propres volontés.

C'EST ainfi que les termes que nous employons au figuré font fujets à nous égarer par le peu de juftefle qui regne dans leur application. Nous regardons une nation comme *un corps ;* nous difons qu'elle forme *un corps*, fans examiner ni pourquoi, ni comment. Il eft certain qu'elle forme *un corps* dans tous les cas où un intérêt commun & connu imprime à tous ceux qui la compofent une volonté commune ; car c'eft précifément cette unité de volonté qui permet que plufieurs puiffent être confidérés comme ne formant qu'un feul & même individu.

QUAND on envifage une nation dans les rapports qu'elle a avec le Souverain, on voit tous fes membres foumis à une même autorité, agiffant par-conféquent d'après une même volonté: dans ce point de vue, ils forment *un corps*, & ils le for-

ment toujours, parce qu'étant tous & toujours gouvernés par une même volonté,
ils ont tous & toujours la même direction. Mais entrez dans quelques détails;
décomposez cette nation ; suivez sa di-
stribution naturelle en différentes pro-
fessions , en différents ordres de citoyens ; interrogez chaque classe en particulier; vous les trouverez routes des-
unies , & divisées par des intérêts oppo-
sés; alors vous verrez que chaque classe
est *un corps* séparé , qui se subdivise à
l'infini , & que cette nation , qui vous
paroissoit n'être *qu'un corps* , en forme
une multitude qui voudroient tous s'ac-
croître aux dépens les uns des autres.

CETTE grande opposition qui regne
entre les intérêts particuliers des différentes classes d'hommes qui composent
une nation, ne permet pas qu'on puisse,
à cet égard , la considérer comme *un
corps :* pour qu'elle ne formât réellement
qu'un corps , il faudroit qu'il y eût chez
elle unité de volonté; & pour qu'il y eût
unité de volonté , il faudroit qu'il y
eût unité d'intérêt ; sans cela impossible
de concilier les prétentions. Ce qu'on
appelle une nation *en corps* , telle qu'on

la veut pour qu'elle puisse exercer le pouvoir législatif, n'est donc autre chose qu'une nation assemblée dans un même lieu, où chacun apporte ses opinions personnelles, ses prétentions arbitraires, & la ferme résolution de les faire prévaloir. Voilà ce prétendu *corps* qu'on veut établir Législateur ; il faut convenir qu'il est choisi fort singuliérement ; mais n'importe, allons aux voix & délibérons.

Il n'est que deux façons de procéder aux délibérations : les résultats doivent être formés par l'unanimité complette de tous les suffrages, ou seulement par leur pluralité. L'unanimité complette est une chose dont on ne peut se flatter, vu la contradiction des intérêts, des prétentions, & même des opinions. D'ailleurs s'assujettir à ne déférer qu'à cette unanimité, ce seroit une loi choquante & contre nature ; car alors un seul & unique opposant, quel qu'il fût, seroit toujours présumé être lui seul aussi sage, aussi éclairé que tous les autres ensemble ; & il se trouveroit aussi fort que toute la nation *en corps*. Une telle loi mettroit les hommes dans le cas de refpecter également la vérité la plus évidente, l'intérét commun le plus généralement reconnu, & une fimple opinion particuliere qui leur feroit oppofée fans raifon. Comme les fuites funeftes de cette abfurdité font connues de tout le monde, je les écarte pour arriver à la feconde façon de délibérer.

Voici donc que la loi propofée eft reçue à la pluralité des fuffrages : mais alors ce n'eft plus toute la nation *en corps* qui fait la loi ; c'eft une portion feulement de la nation qui la dicte à l'autre portion ; ainfi l'une la fait, & l'autre la reçoit contre fa volonté : celle-ci par-conféquent ne fait point partie *du corps* légiflatif ; fi elle foufcrit à la loi, ce n'eft pas qu'elle l'accepte librement & volontairement, mais c'eft qu'elle y eft contrainte par des forces fupérieures aux fiennes.

On a donc abufé du mot, lorfqu'on a prétendu que la nation *en corps* pouvoit être légiflatrice, & qu'on s'eft flatté d'écarter par ce moyen les inconvénients qui fe trouvent dans l'oppofition des intérêts particuliers. Le rapprochement momentané des individus ne fait pas

cesser cette opposition : de ce rapprochement fait ou à faire il résulte seulement
des associations ; & ces associations forment un parti, qui se trouvant le plus
nombreux, le plus fort, devient dominant dans la délibération : l'assemblée finit ainsi par asservir la foiblesse des
uns à la force des autres. Je laisse à décider si en pareil cas cette nation qu'on
regarde comme *un corps*, n'est pas au-
contraire une nation très-réellement di-
visée.

QUOI QU'IL en soit, la loi est reçue ;
elle est faite, & la nation, qui ne peut
rester toujours assemblée, se disperse.
Aussi-tôt elle cesse d'être *un corps* ; car
elle n'en étoit un qu'à raison de ce qu'elle
se trouvoit toute réunie dans un même
lieu. Alors ceux qui ont été d'un avis
contraire à la loi, ont tout l'avantage :
les autres qui ont fait force pour l'établir,
ne font plus force pour la faire observer ;
elle est absolument abandonnée à la discrétion de ceux dont l'autorité prend
la place de celle de la nation *en corps*.
Ainsi le résultat de toute cette opération
faite par la nation *en corps*, est que les
uns n'ont pû parvenir à faire une loi,

Tome I.   S

& que les autres ont fait une loi nulle, parce qu'elle est sans autorité.

Pour sentir combien une telle loi est nécessairement dénuée d'autorité, il faut faire attention qu'en pareil cas son institution n'est pas l'ouvrage de l'évidence, mais celui de la pluralité des suffrages, & de la supériorité de la force acquise à leur pluralité dans le moment de leur réunion passagere. Que reste-t-il donc après l'institution de la loi? Il reste une loi dont la justice & la nécessité n'ont rien d'évident; il reste des Magistrats qui ne voient point une justice évidente ni dans la lettre, ni dans la raison de la loi; il reste une puissance exécutrice qui se croit très-indépendante d'une loi faite par une puissance légiflatrice qui ne subsiste plus; ainsi cette loi n'a ni en elle, ni autour d'elle, aucune autorité qui puisse la faire respecter.

Mais, dira-t-on, si ceux qui, après la dissolution de l'assemblée nationale, restent chargés du soin de faire observer les loix, les méprisent, & s'élevent au-dessus d'elles, la nation elle-même peut y remédier : à cet effet, elle peut indiquer des assemblées à des épo-

ques fixes & périodiques, pour y recevoir les plaintes des infractions faites
aux loix. Cet expédient, qui d'ailleurs
ne pourroit convenir qu'à un peuple
très-peu nombreux, & reſſerré dans
un territoire fort étroit, tend précisé-
ment à ériger l'aſſemblée nationale en
tribunal ſupérieur, & en cela on tombe dans une contradiction choquante ;
car dans l'aſſemblée nationale tous ceux
dont on ſe plaindroit comme infracteurs
des loix, ou comme ayant profité de
leurs infractions, auroient ſéance &
voix délibérative comme les autres ;
ils ſe trouveroient ainſi juges & parties : cependant ſi vous voulez les en
exclure ; de telles aſſemblées ne ſeront
plus celles de la nation *en corps*, mais
un corps particulier formé dans la nation, & qui par-conſéquent jouïra d'un
pouvoir arbitraire, qui le rendra plei-
nement indépendant de la nation.

A LA contradiction évidente & ab-
ſurde qui regne dans un tel ſyſtême,
ajoutez qu'il tend à anéantir la Magiſtrature & la puiſſance exécutrice ;
car dans cette ſuppoſition, il n'y auroit de Juges ſouverains, ni d'autorité

souveraine, que dans l'assemblée de la nation : ainsi la nation *en corps* seroit tout à la fois, puissance législatrice, puissance exécutrice & corps de Magistrature : par ce moyen tout seroit confondu : lorsqu'elle seroit assemblée, elle formeroit une puissance absolument & *nécessairement* indépendante des loix déja faites; tout parti qui auroit pour lui le plus grand nombre des opinions ne reconnoîtroit aucune autorité supérieure à la sienne ; & dans cet état il n'existeroit qu'une autorité sans loix, qu'un État gouvernant sans État gouverné ; mais dès qu'elle seroit dispersée, il ne resteroit plus après la dissolution de cette puissance arbitraire, que des loix sans autorité, & un État gouverné sans État gouvernant : les suites nécessaires d'un tel désordre sont trop sensibles, pour que je puisse me permettre aucune réflexion à leur sujet.

CHAPITRE XVII.

Continuation du développement de la seconde classe des Institutions qui constituent la forme essentielle de la société. L'autorité tutelaire est nécessairement une, & par-conséquent indivisible, soit qu'on la considere dans la maniere dont elle s'établit, dans le premier principe dont elle émane, ou dans l'action qui lui est propre.

J'AI à démontrer que l'autorité tutélaire, ou l'administration de la force publique ne peut être déposée que dans les mains d'un seul, du-moins sans blesser l'ordre naturel & essentiel des sociétés. Pour mettre cette vérité dans tout son jour, je commence par examiner de quelle nature est cette autorité ; quel est son caractere essentiel ; comment elle doit se former , se perpétuer & agir.

L'AUTORITÉ tutélaire doit être regardée comme étant d'institution divine , ainsi que les autres branches de l'ordre naturel & essentiel des sociétés. Quoique dans l'origine des choses les hommes n'ayent dû l'établir entre eux que librement & volontairement , toujours est-il vrai qu'ils y ont été contraints par la même nécessité qui les obligeoit de se réunir en société , puisque sans l'établissement de cette autorité, leur société n'auroit pu ni se former ni subsister.

RÉUNISSEZ sur un même objet une multitude d'opinions & de volontés : de cette premiere réunion naîtra naturellement & *nécessairement* une réunion de forces physiques au soutien de ces mêmes volontés ; & du tout ensemble résultera naturellement & *nécessairement* ce que nous nommons une autorité ; c'est à dire , *un droit de commander appuyé sur le pouvoir physique de se faire obeir.*

SI ces mêmes opinions & ces volontés viennent à se désunir , à se diviser ,

par exemple, en deux partis, les forces
ſe diviſeront également; il ſe trouvera
deux forces, deux autorités, par-conſéquent deux ſociétés; car il eſt impoſſible que dans une même ſociété il exiſte
deux autorités. En effet, elles ſeroient
ou égales ou inégales entre elles : au
premier cas, l'une & l'autre, priſes ſéparément, deviendroient nulles ; au ſecond cas, la dominante ſeroit la véritable & unique autorité. Quand je dis
que ſéparément chacune des deux deviendroit *nulle*, il faut prendre ce terme
à la lettre ; car étant égales entre elles,
elles ne pourroient rien l'une ſans l'autre: toutes deux ainſi n'auroient le pouvoir de ſe faire obéir qu'autant qu'elles
ſe réuniroient ; mais dès qu'elles ſe ſeroient réunies, elles ne formeroient
plus enſemble qu'une ſeule autorité qui
ſe trouveroit naître de leur réunion.

L'AUTORITÉ, conſidérée dans l'a-
ction qui lui eſt propre, n'eſt que le
pouvoir phyſique de ſe faire obéir, ce qui
ſuppoſe une force phyſique *ſupérieure*.
Or il eſt certainement *évident* qu'il ne
peut ſe trouver en même temps & dans
une même ſociété, deux forces phyſi-

ques *supérieures*. Il peut bien cependant
fe former deux forces particulieres &
diftinctes l'une de l'autre ; mais il n'eft
pas poffible qu'elles foient routes deux
fupérieures ; auffi cet état eft-il un état
de guerre qui ne peut fe pacifier que
par l'extinction totale de l'une de ces
deux forces.

IL EST donc de l'effence de l'autorité de ne point être partagée : la divifer
ce feroit la réduire à l'impoffibilité d'a-
gir , & par-conféquent l'annuller ; car
l'autorité n'eft autorité, qu'autant qu'elle
peut agir pour faire exécuter fes volontés.

MAIS fi elle eft néceffairement *une*
par rapport à l'action qu'elle doit avoir,
elle l'eft encore néceffairement par rapport au principe dont elle émane : l'autorité réfidant dans la force publique
dont elle difpofe , & la force publique,
qui n'eft autre chofe que la réunion des
forces particulieres, ne pouvant être folidement établie , qu'autant que cette réunion eft l'ouvrage de la force intuitive
& déterminante de l'évidence qui commence par réunir toutes les volontés ,
il eft certain que par-tout où fe trouve
une

une connoiffance évidente de l'ordre, il ne peut exifter deux forces publiques : l'évid... ce qui eft *une* ne peut préfenter qu'un feul point de réunion pour les volontés & les forces ; elles ne peuvent donc fe divifer, qu'autant qu'elles font privées de l'évidence, ou du-moins de la certitude qui la fupplée, & qu'égarées ainfi par l'ignorance, elles fe trouvent livrées à l'arbitraire.

PARTANT de l'évidence nous trouvons donc *unité* de volonté, de force & d'autorité ; & cette autorité unique eft la feule que l'ordre naturel & effentiel des fociétés puiffe admettre ; car cet ordre veut que l'évidence foit la regle de nos actions, puifque nous fommes tout à la fois organifés pour la connoître, & pour qu'elle afferviffe *fans violence* toutes nos volontés.

CHAPITRE XVIII.

Suite du Chapitre précédent. La puissance exécutrice ne peut être exercée par plusieurs Administrateurs. Inconvénients généraux de cette pluralité vue en elle-même ; autres inconvénients particuliers qui naissent de la maniere de composer le corps d'Administrateurs.

DE *l'unité* essentielle à l'autorité résulte une conséquence évidente , c'est qu'elle ne peut être exercée par plusieurs. La force publique qui constitue l'autorité , ne peut rien par elle-même & sans le ministere d'un agent qui lui donne la direction qu'elle doit suivre : par elle-même elle est aveugle ; il lui faut un guide pour l'empêcher de s'égarer. Le propre de cette force est donc de rester sans mouvement , jusqu'à ce que la volonté qui est en droit de la commander , la faſſe agir. Par ce moyen cette même force devient *perſonnelle* à la volonté qui la met en action; c'eſt dans cette volonté qu'elle réſide en ſon entier. De-là s'enſuit que lorſque l'adminiſtration de la force publique eſt dans les mains de pluſieurs, cette force ſe trouve naturellement & *néceſſairement* partagée en autant de portions qu'il y a de volontés inſtituées pour ordonner de ſon mouvement; ainſi par cette raiſon l'ordre réprouve cette forme de gouvernement.

JE SAIS qu'on peut alléguer que chacune de ces volontés en particulier & ſéparément des autres, ne diſpoſe point de cette force; qu'elle ne leur eſt acquiſe qu'autant qu'elles ſont toutes réunies, ou du-moins qu'elles ſont dominantes par leur nombre. Mais chaque branche de cette alternative tend à établir l'autorité ſur une autre baſe que ſur la force protectrice de l'évidence : cette façon de dénaturer ainſi l'autorité dans ſon principe la conduit à occaſionner de grands déſordres.

SI dans un corps d'adminiſtrateurs une ſeule volonté peut arrêter l'effet de toutes les autres, c'eſt oppoſer à l'acti-

vité qui caractérile l'autorité, une force
de réliftance invincible pour elle; c'eft
la réduire à l'inaction; c'eft l'anéantir:
l'autorité, dont le propre eft d'agir, ou
du-moins de pouvoir agir, n'exifte alors
ni dans ceux *qui veulent,* puifque leurs
volontés ne peuvent la mettre en action,
ni dans celui *qui ne veut pas*, puifque fon
oppofition ne fert qu'à priver l'autorité
du mouvement fans lequel elle n'eft plus
rien. Une telle police ne peut jamais
fubfifter paifiblement, car elle eft *contre*
nature: elle attribue à une erreur évidente, la même autorité qu'aux vérités
publiquement reconnues; elle place fur
une ligne parallele, l'intérêt particulier
d'un feul & l'intérêt commun de tous;
par ce moyen elle met en oppofition la
foibleffe & la force: il n'eft donc point
étonnant qu'on voie en pareil cas les
hommes s'entr'égorger pour fe mettre
d'accord.

Pour éviter ces inconvénients, le
moyen qu'on emploie eft d'affujettir le
corps d'adminiftrateurs à fe décider par
la pluralité des fuffrages. Mais cette mé-
thode, qui ne peut avoir lieu que dans
des cas problématiques & fufceptibles

d'une diversité d'opinions , contraste
sensiblement avec *l'évidence*, que l'autorité doit toujours prendre pour guide :
ce qui partage les opinions ne peut être
regardé comme *évident* ; or comme en
fait de gouvernement tout doit être *évident*, il ne doit s'y trouver rien d'arbitraire , & il ne peut y avoir diversité
d'opinions, que par un effet de l'ignorance ou de la mauvaise volonté des dé-
libérants.

Ainsi l'obligation de déférer à la pluralité des suffrages suppose nécessairement dans un corps d'administrateurs ,
ou de l'ignorance ou de la mauvaise volonté ; mais malheureusement cette maniere de délibérer ne peut remédier ni à
l'une ni à l'autre : quelques voix de plus
ou de moins ne peuvent jamais être regardées comme des preuves suffisantes
de la justesse ou de la fausseté d'une opinion ; & l'expérience nous apprend que
pendant long-temps une erreur accrédi-
tée réunit beaucoup plus de partisans ,
que la vérité qui lui est contraire ; aussi
quelque nombreux que des suffrages
puissent être, leur multitude ne peut-
elle jamais rendre évident ce qui ne l'est

pas ; leur opinion n'eſt jamais qu'une opinion, qui par conſéquent eſt ſujette à changer ; car il n'y a d'immuable que l'évidence.

QUANT à la mauvaiſe volonté, comme elle réſulte des intérêts particuliers, on ne peut jamais être aſſuré que le nombre de ceux que ces intéréts particuliers dominent, ne ſoit pas le plus grand : ainſi à cet égard la pluralité des ſuffrages ne peut encore être d'aucune ſûreté.

MALGRÉ les différences prodigieuſes qui ſe trouvent, à pluſieurs égards, parmi les hommes, il eſt en eux deux mobiles communs qui les mettent tous en action : l'appétit des plaiſirs & l'averſion de la douleur ſont ces mobiles communs qui tiennent à notre conſtitution, & qui ſont les principes de tous nos mouvements. Vouloir que l'homme agiſſe dans un ſens contraire à l'impulſion de ces mobiles, c'eſt prétendre changer l'ordre immuable de la nature ; c'eſt ſe propoſer de rendre les effets indépendants des cauſes ; c'eſt entreprendre de faire remonter une riviere vers ſa ſource.

J'AI déja dit que par les termes de

plaifirs & de douleur, il faut entendre, non-feulement nos fenfations phyfiques, mais encore nos affections morales ou fociales ; & j'ai fait obferver que très-fouvent ces dernieres, qui doivent beau-coup à l'opinion, agiffent fur nous bien plus puiffamment, bien plus defpotique-ment que les premieres. Auffi après la force de l'évidence, n'eft-il point de force égale à celle de l'opinion. Heu-reux, heureux les hommes dont la fo-ciété eft inftituée de maniere que l'opi-nion ne puiffe empécher le defir de jouïr de tourner au profit commun du corps focial ! il doit alors fe former des prodi-ges de vertu dans tous les genres que l'ordre effentiel de la fociété peut com-porter.

Mais ce n'eft point dans un gouver-nement où l'autorité eft partagée dans les mains de plufieurs, que l'opinion & le defir de jouïr doivent *naturellement & conftamment* tendre au bien commun de la fociété. Cette forme de gouverne-ment péche dans fon principe, en ce qu'elle prend pour arbitres de l'intérêt public, des agents qui peuvent avoir des intérêts particuliers très-oppofés : alors le defir de jouïr doit *naturellement* les incliner à préférer leurs intérêts particuliers à l'intérêt public.

Je ne prétends pas dire que cela se passe ainsi toujours & dans tous les pays qui ont adopté un gouvernement de cette espece : le cours des désordres qui lui sont propres, peut trouver de temps en temps une barriere dans les vertus personnelles de ceux qui gouvernent ; & je déclare encore une fois que je ne parle d'aucune nation, ni d'aucun siecle en particulier ; mais je soutiens, & je ne crains pas d'être contredit, je soutiens, dis-je, qu'en général l'intérêt public n'est pas dans des mains sûres, quand il s'y trouve en opposition avec les intérêts particuliers de ceux auxquels il est confié ; qu'il est au-contraire évident qu'alors il a tout à craindre de ces mêmes intérêts particuliers, & du desir de jouïr.

Si plusieurs administrateurs apperçoivent de grands avantages personnels dans quelques préjudices faits ou à faire à la nation, je demande qui est-ce qui pourra l'empêcher d'être sacrifiée ? Ce ne seront pas les mobiles par lesquels la

nature s'eſt propoſé de nous conduire ;
car ils agiſſent alors dans ces adminiſtrateurs contre l'intérêt de la nation : ce ne
ſera pas non plus une autre autorité,
contraire à celle dont ils diſpoſent, puiſqu'ils tiennent en main toute la force
publique : le danger de la nation eſt
donc évident ; il prend ſa ſource dans la
nature même de notre conſtitution.

ENVAIN m'alléguera-t-on que ce malheur ne réſulte pas toujours de cette
forme de gouvernement ; je l'accorde ;
& je ſais qu'il peut ſe trouver des hommes vertueux, uniquement par amour
pour la vertu ; mais cette façon de jouïr
n'eſt pas celle du plus grand nombre ;
nous ſavons au-contraire qu'elle eſt très-
rare, & même que plus elle eſt vraie &
moins elle eſt connue : ainſi dans la plupart des hommes le deſir de jouïr peut
devenir funeſte à l'adminiſtration ; il le
doit même, ſuivant l'ordre de la nature,
lorſque l'adminiſtrateur trouve dans les
abus de ſon autorité, les moyens de ſa-
tisfaire ce deſir. Cette forme de gouvernement eſt donc tout au-moins *dange-*
reuſe, & cela me ſuffit pour prouver
qu'elle n'eſt pas celle qui convient à l'or-

dre eſſentiel des ſociétés ; car *l'ordre ne peut & ne doit avoir rien de dangereux*, attendu que *le propre de l'ordre eſt de tendre néceſſairement au plus grand bien poſſible*, & que *dans l'ordre le plus grand bien poſſible arrive néceſſairement.*

JE ne diſconviens pas cependant que l'inconvénient des intérêts particuliers puiſſe trouver un contre-poids dans les lumieres de la nation : il n'eſt pas douteux que dans une nation éclairée, dans une nation qui auroit une connoiſſance *évidente* de ſes véritables intérêts, le corps d'adminiſtrateurs ne pourroit abuſer de ſon autorité, parce qu'alors l'évidence de l'abus anéantiroit cette même autorité. Je ne répéterai point ce que j'ai dit ſur le pouvoir de l'évidence ; comme elle réunit à elle toutes les volontés, toutes les forces, & par conſéquent toute l'autorité ; il ne s'agit ici que de tirer la conſéquence de ces vérités, & de voir que l'autorité de ce corps d'adminiſtrateurs s'anéantiroit *néceſſairement*, dès qu'il auroit contre lui la force irréſiſtible de l'évidence, principe unique d'une puiſſante & ſolide autorité.

MAIS en accordant que dans le gouvernement dont il s'agit, les lumieres de la nation peuvent la garantir des inconvénients dont il eſt *néceſſairement* ſuſceptible, je dois obſerver que cette hypothèſe implique contradiction : là où ſe trouve un tel gouvernement, nous ne pouvons ſuppoſer que la nation poſſède une connoiſſance évidente de l'ordre naturel & eſſentiel des ſociétés, puiſque cet ordre ne peut jamais admettre une forme de gouvernement qui place l'intérêt commun d'une ſociété, en oppoſition avec les intéréts particuliers de ſes adminiſtrateurs ; & qui, en dépoſant l'autorité publique dans pluſieurs mains, parvient à diviſer ce qui par eſſence eſt indiviſible.

LA contradiction qui regne dans cette hypothèſe, eſt d'autant plus frappante, que tandis qu'on ſuppoſe une nation aſſez inſtruite pour que l'évidence réuniſſe toutes ſes volontés contre ce qui pourroit bleſſer les loix de l'ordre eſſentiel des ſociétés, on ſuppoſe en même-temps ſes adminiſtrateurs, aſſez ignorants pour que leurs opinions puiſſent ſe diviſer, & qu'il ſoit néceſſaire de les aſſujettir à la loi de la pluralité des ſuffrages, faute de

pouvoir se rallier à l'évidence. On veut
ainsi que ce qui est évident pour toute
la nation, ne le soit pas pour ses administrateurs; on veut que sans consulter
l'évidence de l'ordre, ce soit la pluralité
des suffrages qui dicte le commandement, & que ce soit cependant cette
meme évidence qui détermine ceux qui
doivent l'exécuter; on veut que ceux
qui commandent puissent se tromper, &
que ceux qui obéissent ne le puissent pas;
on veut enfin que l'autorité soit d'un
côté, & d'un autre côté la force irrésistible de l'évidence en opposition avec
l'autorité dont elle doit être le principe:
c'est renverser les notions les plus évidentes; c'est vouloir des choses mani-
festement contradictoires, des choses
physiquement & moralement impossibles.

Toute nation qui croit que l'autorité doit être acquise à la pluralité des
suffrages, & qui donne à cette pluralité
le pouvoir de tenir la place de l'évidence, n'a certainement point une connoissance *évidente* de l'ordre qui constitue
son meilleur état possible : si elle avoit
cette connoissance *évidente*, sa premiere

loi feroit de ne jamais être gouvernée
que par cette évidence qui réuniroit à
elle tous les efprits, toutes les volontés
& toutes les forces; l'évidence jouiffant
ainfi de toute l'autorité qui lui eft propre, cette nation éclairée ne feroit point
dans le cas de compter les fuffrages, &
d'abandonner fon fort à la foible pré-
fomption réfultante d'une pluralité qui
ne peut ni établir, ni détruire l'évidence.
En deux mots, la pluralité des fuffrages
n'a pu être imaginée que pour les cas
problématiques, & pour fuppléer l'évidence : ainfi par-tout où cette pluralité
décide, il eft certain que l'évidence de
l'ordre ne gouverne pas; par conféquent
qu'elle n'eft point acquife; car fi elle l'é-
toit, elle gouverneroit. Or fi-tôt que
l'ordre n'eft point évident, le gouvernement devient néceffairement arbitraire : entre l'évident & l'arbitraire on ne
connoît point de milieu.

Je ne crains pas de répéter ce que j'ai
déja dit : la pluralité des fuffrages ne peut
jamais rendre *évident* ce qui ne l'eft pas.
Cette façon de délibérer n'eft utile que
dans les cas qui, n'ayant rien *d'évident*,
ne préfentent à l'efprit qu'un certain

nombre de faits & de conjectures dont
le rapprochement & l'examen sont nécessaires pour former ce qu'on appelle
une opinion. Mais les premiers principes de l'administration & leurs conséquences n'ont rien de conjectural; ils
sont susceptibles de démonstration *évidente* comme toutes les vérités géométriques : & comment ne le seroient-ils
pas, puisqu'ils sont tous renfermés dans
le droit de propriété? C'est donc une
contradiction manifeste que de supposer
qu'une nation ait une connoissance évidente & publique de son ordre essentiel,
& néanmoins qu'elle puisse donner à son
gouvernement une forme qui ne peut
avoir lieu que quand les principes en
sont incertains & arbitraires.

Résumons-nous donc, & disons :
par trois raisons, le dépôt de l'autorité
dans les mains de plusieurs administrateurs est contraire à l'ordre essentiel de
la société 1°. Il divise l'autorité qui,
par essence, ne comporte point de partage. 2°. Il expose l'intérêt public à
toute la fureur des intéréts particuliers ;
il fait contraster ainsi le devoir avec les
mobiles qui nous font agir. 3°. Il at-

tache au nombre des fuffrages, une autorité defpotique qui ne peut & ne doit
appartenir qu'à l'évidence; par ce moyen
ce n'eft point l'évidence qui gouverne.;
c'eft l'opinion, ou, fi l'on veut, c'eft la
volonté d'un certain nombre d'hommes
livrés à une même opinion.

CE dernier inconvénient ne peut être
apprécié; il eft fans bornes; il eft la
fource de tous les autres. En effet, je
fuppofe que l'avis le plus nombreux foit
dicté par des intérêts particuliers, & que
le moins nombreux ait pour lui *l'évidence*; n'eft-il pas monftrueux que ce foit
le premier qui l'emporte: & que la forme
du gouvernement fournisse à la mauvaife
volonté, un titre qui lui donne le droit
de triompher de *l'évidence* même? Cet
excès de défordre eft cependant inévita-
ble en pareil cas; car cette *évidence* eft
étouffée fous le poids des opinions qui
lui font oppofées; & la nation qui s'eft
fait une regle *de croire aveuglément* au
plus grand nombre des fuffrages, qui
d'ailleurs, par toutes les raifons que j'ai
dites précédemment, n'eft pas alors en
état de les juger elle-même, refte abfolument fans défenfe contre tous les fléaux

dont cette mauvaife volonté peut l'acca-
bler, fur-tout fi cette mauvaile volonté
fe trouve dans des hommes qui par leurs
talents & leurs richeffes, foient parvenus
à fe rendre puiffants.

Lorsque je fuis convenu qu'un corps
d'adminiftrateurs peut gouverner avec
fageffe & avec équité, j'ai toujours fous-
entendu que ce corps ne feroit pas tout
à la fois dépofitaire de l'autorité publique & chargé des fonctions de la Magiftrature : j'ai démontré dans les chapitres
précédents que cet affemblage feroit deftructif de tout ordre focial, parce qu'il
tendroit à rendre tout arbitraire.

Ce n'eft donc qu'en féparant ces deux
états, & inftituant entre les adminiftrateurs & la nation, un corps de Magiftrats, tel qu'il doit étre, que je recon-
nois qu'il peut fe faire que pendant un
temps, une nation foit bien gouvernée
par plufieurs ; mais alors c'eft aux qualités perfonnelles des adminiftrateurs,
& non à la forme du gouvernement,
qu'on en eft redevable ; car par elle-
méme cette forme eft évidemment vi-
cieufe ; quelques précautions qu'on prenne, il eft deux inconvénients dont il eft
impoffible

impossible de la garantir pour toujours : le premier est, comme je viens de le dire, celui des intérêts particuliers, qui dans ces administrateurs peuvent se trouver très-contraires à l'intérêt public ; le second est la licence que l'administration de l'autorité peut faire naître dans ceux qui en sont chargés : insensiblement l'autorité de la chose ou de la place devient celle de la personne ; & bien-tôt cette autorité, devenue personnelle, se trouve être une source d'abus préjudiciables au droit de propriété & à la liberté des citoyens.

JE POURROIS ajouter encore que quelque soit le corps des administrateurs, on ne peut jamais empêcher qu'il ne s'y rencontre souvent des hommes qui, par un effet naturel de leur génie & de leur caractere, se rendent dominants, & parviennent ainsi à s'approprier un pouvoir despotique & arbitraire, qui est d'autant plus dangereux, que le desir de jouir les presse à chaque instant d'en abuser. Voilà pourquoi nous voyons si souvent dans l'histoire, des hommes à grandes passions ou à grands talents, tantôt immolés, & même injustement, à la liberté

de la nation, & tantôt parvenus rapidement à lui donner des fers.

Jusqu'ici je n'ai parlé que des inconvénients qui font *essentiellement* attachés
au gouvernement de plusieurs : ceux-là
font, pour ainsi dire, dans la nature même de la chose; mais il en est d'autres
encore qui résultent de sa forme, c'est-
à-dire, de la maniere dont le corps d'Administrateurs peut être composé.

Le Gouvernement Aristocratique
multiplie les despotes arbitraires; j'entends par ce nom, des gens puissants qui
se croient au-dessus des loix. Chaque
grand propriétaire commande despotiquement à la portion du peuple qui cor-
respond à lui : de-là les vexations arbitraires, les tyrannies, les excès de toute
forte : les peuples font opprimés, parce
qu'ils font comptés pour rien, quoiqu'ils
foient une des principales fources des richeffes & des forces de l'Etat.

Cette fituation défaftreufe n'eft pas
le feul mal que produife le gouvernement des grands : chacun de ces defpotes
voit dans les autres defpotes, des puiffances rivales & redoutables pour lui :
bientôt cette rivalité fe change en affo-

ciations ; & ces affociations conduifent
à l'anarchie, aux défordres dans tous les
genres ; il ne refte au peuple de reffource
que de s'enfuir fur *le Mont-facré*, dans
un pays où l'ordre puiffe le mettre à l'a-
bri de l'oppreffion.

D'UN autre côté, le peuple proprement dit, livré à l'ignorance & aux préjugés, ne regarde jamais qu'autour de
lui : chaque canton croit voir tout l'intérêt de l'Etat dans celui de fon canton ;
chaque profeffion croit voir tout l'intérêt
de l'Etat dans celui de fa profeffion ; la
fcience des rapports lui eft abfolument
inconnue ; il ne lui eft pas poffible de remonter des effets aux caufes, encore
moins de fe livrer à l'étude des liaifons
qu'elles ont entre elles. Il lui devient
donc moralement impoffible d'agir par
principe & par mefure : toujours crédule
& fufceptible de prévention, pour le
perfuader il faut le gagner, pratiquer au-
près de lui les mêmes infinuations comme pour le féduire ; par cette raifon toujours inconftant & orageux, fes réfolutions indélibérées ne font jamais que le
produit de la fenfation du moment.

EN GÉNÉRAL , les grands propriétai-

res croient que le peuple eft fait pour
eux, & que tout leur eft dû. Le peuple à
fon tour, envieux de l'état des grands
propriétaires, eft fouvent tenté de regarder comme une injuftice, l'inégalité
du partage entre eux & lui ; & cette opinion tend à l'aveugler fur le choix des
moyens de rétablir entre eux & lui une
forte d'équilibre.

IL EST DONC certain qu'on ne peut,
fans de nouveaux inconvéniens, choifir les adminiftrateurs dans l'un de ces
deux états *exclufivement* à l'autre : chacun d'eux a des fyftêmes, ou plutôt des
préjugés qui lui font propres, & qui ne
permettent pas que l'un puiffe gouverner, fans que l'autre foit accablé du
poids de l'autorité.

QUAND même le corps d'adminiftrateurs feroit mi-parti ; quand même ils
feroient choifis en nombre égal parmi les
grands & parmi le peuple, chacun de
ces deux partis n'en feroit pas moins
attaché aux préjugés & aux prétendus
intérêts particuliers de fa claffe ; ainfi ce
mélange ne ferviroit qu'à mettre une
plus grande divifion dans ce corps, dont
les membres alors ne pourroient dif-

ficilement fe concilier , qu'en fe prêtant mutuellement à facrifier l'intérêt public à leurs intérêts perfonnels bien ou mal entendus.

JE NE m'arrêterai point à démontrer que toute la nation en corps ne peut exercer l'autorité : l'autorité n'exifte-roit réellement qu'autant que ce corps exifteroit lui-même ; or pour que la na-tion pût former un corps toujours exi-ftant , il faudroit qu'elle fût toujours affemblée , chofe impoffible ; elle eft au-contraire dans la néceffité d'être tou-jours difperfée. D'ailleurs fi la nation en corps s'étoit réfervé l'exercice de l'au-torité tutélaire, il en réfulteroit , com-me je l'ai dit précédemment , qu'alter-nativement il fe trouveroit une autorité fans loix , & des loix fans autorité ; un État gouvernant fans État gouverné, & un État gouverné fans État gouvernant, ce qui feroit une abfurdité de la plus grande évidence.

CHAPITRE XIX.

Seconde suite du Chapitre XVII. Conséquence résultante nécessairement des démonstrations précédentes. L'autorité tutélaire ne peut être exercée que par un seul. Définition du meilleur gouvernement possible vu dans l'intérêt commun de l'Etat gouvernant & de l'Etat gouverné. Exposition des rapports nécessaires entre les intérêts d'un Chef unique & ceux de la nation : il est Co-propriétaire du produit net des terres de sa domination. La Souveraineté doit être héréditaire. Cette condition est essentielle pour que le gouvernement d'un seul devienne nécessairement le meilleur gouvernement possible.

QUELLE est donc la meilleure forme.

de gouvernement? Quelle eft donc celle
qui fe trouve fi parfaitement conforme
à l'ordre naturel & effentiel de la fociété, qu'il ne puiffe en réfulter aucun abus ?
Cette meilleure forme de gouvernement
eft celle *qui ne permet pas qu'on puiffe gagner en gouvernant mal, & qui affujettit
au-contraire celui qui gouverne, à n'avoir
pas de plus grand intérêt que de bien gouverner.* Or ce point de perfection, vous
ne pouvez le trouver que dans le gouvernement d'un feul; dans le gouvernement d'un chef *unique* qui foit le centre
commun dans lequel tous les intérêts
des différents ordres de citoyens viennent fe réunir fans fe confondre; & qui
pour fon intérêt perfonnel, les protege
tous, les maintienne tous dans toute la
plénitude de leurs droits, & fache ainfi
garder le point d'équilibre où l'ordre
effentiel des fociétés les a placés pour
leur utilité réciproque.

QUAND je dis un chef *unique*, je n'entends parler que d'un Souverain par
droit d'hérédité, & non d'un Souverain
par élection : ils different l'un de l'autre
en ce que le premier eft un véritable
Propriétaire, & que le fecond n'eft qu'un

Ufufruitier, qui par conféquent fe trouve
fortement intéreflé à profiter de fon ufu-
fruit pour augmenter la grandeur de fa
famille, ainfi que la fortune dont il jouit,
à tout autre titre que celui de Souverain.

AVANT de paffer à d'autres obferva-
tions, je préviens que je n'examine point
comment les Souverains électifs gouvernent, ni comment ils ont gouverné. Je
dirai de cette forme de gouvernement
ce que j'ai dit des autres : fes vices peuvent trouver des contre-poids dans les
vertus perfonnelles de celui qui gouverne ; mais n'étant ni hiftorien, ni critique,
ni courtifan, je n'ai nul motif pour approfondir fi cela eft, ou fi cela n'eft pas ;
car en fuppofant que cela foit, on ne
peut rien conclure de ce hazard heureux.
Quelque fage, quelque éclairé qu'un tel
Prince puiffe être, il n'en eft pas moins
vrai que la forme de fon gouvernement
eft un défordre, en ce qu'elle établit en
lui de puiffants intérêts qui peuvent le
porter à abufer de fon autorité : il ne
faut que faire une légere attention à la
différence qui fe trouve entre un homme
& un autre homme, pour être convaincu
que

que les vertus morales & perſonnelles ne peuvent jamais ſervir de baſe à un gouvernement, qui eſt une inſtitution faite pour ſubſiſter à perpétuité : compter ſur le perſonnel c'eſt tomber dans l'arbi-traire ; c'eſt rendre variable & acciden-tel, ce qui doit être *néceſſaire* & im-muable.

DANS les Monarchies électives il eſt trois temps qu'il faut conſidérer : celui de l'élection, celui qui la précede, & ce-lui qui la ſuit. L'élection doit être tou-jours & *néceſſairement* troublée par une multitude de prétentions & d'intérêts particuliers qui ne manquent jamais de diviſer tant les nationaux que les puiſſan-ces étrangeres qui croient devoir influer ſur ces opérations ; ces troubles ſont de telle nature, que pour l'ordinaire on arroſe de ſang l'élection d'un Miniſtre de paix.

QUAND, au mépris d'une expérience conſtante, on ſuppoſeroit que la liberté regne dans une aſſemblée nationale con-voquée pour l'élection d'un Souverain, il ſeroit phyſiquement & moralement impoſſible que le choix pût être fixé par

Tome I. X

des connoiſſances *évidentes* ; car il eſt
phyſiquement & moralement impoſſible
de connoître *évidemment* l'intérieur d'un
homme, ſur-tout lorſqu'il ſe croit intéreſſé fortement à ne point ſe laiſſer pénétrer. Quand il s'agit de ſonder la pro-
fondeur & les replis du cœur humain,
on ne peut que préſumer, eſtimer, avoir
opinion ; & quand il ſeroit véritablement ce qu'il paroît être dans les circonſtances où il ſe trouve, on ne peut ſe
promettre avec ſûreté que dans toute
autre circonſtance il ſera toujours ce
qu'il eſt. Mais ſi nous ne pouvons porter d'autre jugement ſur les hommes que
nous fréquentons le plus, comment une
nation entiere peut-elle ſe décider avec
quelque *certitude* ſur le choix d'un Souverain, tandis que ce qu'on peut appeller la multitude, ne connoît que par des
relations fort éloignées & fort équivo-
ques, ceux parmi leſquels elle doit
choiſir ?

Le temps de l'élection ne peut donc
être qu'un temps orageux à tous égards,
où toutes les paſſions dont les hommes
ſont ſuſceptibles, ſe raſſemblent pour ſe

déployer & fe mouvoir au gré de l'opinion. Mais il ne faut pas croire que ce
temps foit celui qu'elles attendent pour
agir : les événements qu'il amene doivent être préparés de longue main, par
tous les inconvénients qui réfultent néceffairement des cabales & des différentes pratiques que chacun des prétendants
emploie pour fe faire des partifans *per
fas aut nefas :* la nation fe divife ainfi en
plufieurs partis, difons mieux, en plufieurs nations ennemies les unes des autres : je laiffe à penfer ce que l'intérêt
commun doit en fouffrir.

LES maux dont je viens d'indiquer
les fources paroîtroient peut-être légers,
fi l'élection pouvoit les terminer : mais
les intérêts particuliers du Souverain élu,
& les prétentions du parti dont la puiffance l'a couronné, doivent néceffairement en faire naître d'une autre efpece :
toutes les places de l'adminiftration ne
doivent plus être remplies que par les
créatures de ce nouveau Souverain ; &
comme elles ne peuvent avoir d'autre
intention que celle de tirer de leur faveur, les plus grands avantages poffi-

bles, il fe perpétue naturellement entre elles & lui, une efpece d'affociation dont le réfultat ne peut être que funefte à la nation ; car ce n'eft que fur la nation que le Souverain peut prendre de quoi payer ceux qui lui font ainfi vendus ; & d'un autre côté ceux qui fe vendent au Souverain, font intéreffés à lui livrer la nation pour être payés.

Ces fortes d'affociations font impoffibles dans une Monarchie héréditaire, lorfque le Souverain n'eft point aveuglé fur fes véritables intérêts. Comme il eft propriétaire *né* de la fouveraineté, dont les intérêts font les mêmes que ceux de la nation, il ne peut trahir ceux de la nation, qu'il ne trahiffe auffi ceux de la fouveraineté, qui font les fiens propres. Or, il feroit contre nature qu'il le fît avec connoiffance de caufe, aucun de fes fujets ne pouvant, ou du moins ne devant avoir d'autres prétentions que celles qui font dans l'ordre & la juftice. Toutes perfonnes chargées de quelque adminiftration lui doivent donc alors un compte rigoureux de leur conduite; & à cet égard il ne peut fubfifter d'autres abus que ceux qui peuvent réfulter de l'ignorance, & qui par conféquent ne peuvent avoir lieu dans une nation parvenue à une connoiffance évidente & publique de l'ordre naturel & effentiel des fociétés.

IL faut obferver ici que ce préfervatif contre tous les abus de l'adminiftration, ne peut fe trouver dans une Monarchie élective ; car toute nation qui aura une connoiffance évidente & publique de fon ordre effentiel, fe gardera bien de rendre les intéréts de la fouveraineté étrangers à ceux du Souverain. Ainfi dès qu'il eft électif, il eft certain que cette connoiffance évidente & publique n'eft point acquife à la nation ; & conféquemment que fon ignorance rend poffibles tous les défordres que l'arbitraire peut introduire dans l'adminiftration.

CETTE derniere obfervation m'en fuggere encore une autre par laquelle je me propofe de terminer cette differtation : par la raifon que nous ne pouvons fuppofer une Monarchie élective gouvernée par l'évidence d'un ordre naturel & effentiel à toute fociété, il faut donc

X iij

que fa légiflation pofitive, fon adminif-
ftration civile & politique ne foient que
de fimples opinions; elles font par conféquent expofées à beaucoup de variations; car par leur nature elles ne peuvent être immuables. Mais fi le Souverain veut les changer, le pourra-t-il, ou
ne le pourra-t-il pas? S'il le peut, il eft
defpote, & defpote arbitraire; auquel
cas plus de loix conftantes, plus de droits
certains, plus de devoirs, plus de fociété, plus de nation: s'il ne le peut pas, il
n'eft point véritablement Souverain; la
plénitude de l'autorité réfide dans la
puiffance quelconque qui rend nulles les
volontés qu'il a formées; le defpotifme arbitraire appartient ainfi à cette
puiffance, & point du tout au Souverain.

CE n'eft donc que dans les Monarchies héréditaires qu'on peut trouver un
véritable Souverain. Non pas cependant
qu'il puiffe arbitrairement renverfer &
changer les loix; mais s'il ne le peut pas,
c'eft qu'il en eft empêché par une puiffance qui ne lui permet pas même d'en
avoir la volonté. Il n'exifte point dans

ſes États, comme dans une Monarchie
élective, une force factice & arbitraire
placée en oppoſition avec ſon autorité ;
la force naturelle & deſpotique de l'évidence eſt la ſeule qui ſubſiſte, & qui ne
pouvant jamais contraſter avec les intérêts du Souverain, ne peut jamais en
contrarier les volontés. Il peut donc les
faire exécuter toutes ; il ne pourroit rencontrer des obſtacles que pour celles
qu'il ne lui ſeroit pas poſſible de former,
dès que la nation & lui ſe trouveroient
éclairés. Les plus grands intérêts du Souverain étant attachés évidemment à l'obſervation de l'ordre, il ne peut s'élever
contre l'ordre ſans trahir ſes intérêts évidents ; & comme on ne peut jamais lui
ſuppoſer de telles intentions, qui ſeroient
contre nature, on peut dire qu'il peut
tout, excepté ce qu'il lui eſt impoſſible
de vouloir ; au-lieu que le Souverain électif eſt dans le cas de vouloir tout, mais
ſans avoir en lui l'autorité néceſſaire pour
faire exécuter.

La Souveraineté héréditaire rend le
Souverain co-propriétaire *du produit net*
de toutes les terres de ſa domination : en

X iv

cette qualité, fon intérêt eft le même que celui de tous les propriétaires qui poffédant ces terres comme par indivis, les exploitent ou les font exploiter, & prennent dans *ce produit net* une portion qui eft inféparable de leur droit de co-propriété. Il lui importe donc comme à eux, que ce même *produit net*, par l'abondance & le bon prix des productions, monte à fon plus haut degré poffible.

D'UN autre côté, le droit de co-propriétaire dans le Souverain n'étant autre chofe que le droit de la fouveraineté même, & ne pouvant être exercé féparément de cette dignité, le Prince ne peut conferver la jouïffance de ce droit, qu'autant que des forces étrangeres ne viennent point ou ravir ou partager fa fouveraineté. Il eft donc encore de la plus grande importance pour lui de ne rien faire qui puiffe altérer la richeffe de la nation, parce que c'eft cette richeffe qui eft le principe & la mefure de la puiffance qui fait la fûreté de la fouveraineté.

ON VOIT ICI la différence effentielle qui fe trouve entre un Souverain par

droit de fucceffion & un corps d'adminiftrateurs. Chacun des membres de ce
corps eft un propriétaire particulier, qui
par différentes pratiques illégitimes, peut
fe procurer de grandes richeffes aux dépens de fes concitoyens; il n'a rien de
commun avec leurs fortunes; elles lui
font abfolument étrangeres; & voilà
pourquoi il peut s'enrichir en les appau-
vriffant; au-lieu que le Souverain dont
je parle ne peut appauvrir fes fujets qu'il
ne s'appauvriffe, ni augmenter fes revenus qu'en augmentant ceux de fes co-
partageants.

CHAQUE membre d'un corps d'adminiftrateurs doit mettre une grande différence entre les appointements d'une
place que divers événements peuvent lui
enlever, & le produit des biens fonds
dont il a la propriété : comme il jouït de
ceux-ci indépendamment de fes fonctions publiques, & que cette propriété
eft attachée à fa perfonne, il lui importe
beaucoup de faire fervir fon adminiftration à l'accroiffement de cette même propriété ; ainfi il n'eft pas dans le cas de
tenir tout de fa place, au-lieu qu'un
Souverain héréditaire tient tout de fa

souveraineté, perdroit tout en la perdant, par-conséquent ne voit aucun avantage qui puiſſe être mis en balance avec ceux qu'elle lui procure, & qu'il ne peut conſerver qu'en la conſervant.

UN tel Souverain eſt, par rapport à ſes États, un proprietaire qui conduit lui-même & pour ſon propre compte, l'adminiſtration de ſes domaines; il n'a d'autre intérêt que d'en augmenter le produit : tout autre adminiſtrateur n'eſt qu'un économe qui gere pour des intérêts auxquels il eſt tellement étranger, que c'eſt par eux qu'il eſt payé, & qu'il ne peut rien gagner qui ne ſoit pris ſur eux.

CECI vous préſente un point fixe qu'il eſt important de bien ſaiſir : le Souverain, comme co-propriétaire, a ſon intérêt perſonnel qui n'eſt point le réſultat d'un partage dans les intérêts des autres co-propriétaires ; deſorte qu'on peut dire que c'eſt la terre qui paye la portion du Souverain, ſans toucher à celle qui appartient au propriétaire qui la fait cultiver. Auſſi quand on achete une terre, ne l'eſtime-t-on qu'à raiſon de ſon *produit net*, déduction faite de la portion

que le Souverain doit prendre dans ce
produit. Mais les autres administrateurs
ne font payés qu'autant qu'ils partagent
dans les *produits nets* qui appartiennent à
leurs concitoyens : au moyen de quoi
cette forme d'administration tend naturellement aux abus de l'autorité, parce
que tout homme falarié a naturellement
intérêt de faire augmenter fes falaires ; ce
qu'il ne peut faire qu'aux dépens de ceux
qui le payent, tandis que les revenus du
Souverain ne peuvent s'accroître qu'en
raifon de l'accroiffement de ceux de fes
fujets.

UN Souverain dont les intérêts font
ainfi inféparablement unis à ceux de la
nation dont il eft le chef, doit certainement chercher à lui procurer tous les
avantages qu'elle attend d'une telle adminiftration. *Le meilleur état poffible* du
Souverain ne peut s'établir que fur *le
meilleur état poffible* de la nation. A ce
trait, on peut voir que cette forme de
gouvernement porte le caractere facré
de l'ordre naturel & effentiel des fociétés ; car le propre de cet ordre eft de tenir tous les membres d'une fociété dans
une telle dépendance réciproque, qu'au-

cun d'eux ne puiffe agir pour fes propres
intérêts, qu'il n'agiffe en même-temps
pour l'intérêt commun des autres. Refte
donc à prouver maintenant que par-tout
où regne une connoiffance évidente de
ce même ordre naturel & effentiel, un
tel gouvernement ne peut être fufceptible d'aucun inconvénient.

CHAPITRE XX.

*Troisieme suite du Chapitre XVII.
Premiers arguments pour prouver que dans une nation parvenue à la connoissance évidente de l'ordre naturel & essentiel de la société, le gouvernement d'un seul n'est susceptible d'aucun inconvénient.
Définition de l'autorité tutélaire. Sans cette connoissance évidente de l'ordre naturel & essentiel, impossible d'établir un
bon gouvernement.*

Les hommes que l'habitude & l'édu-
cation ont acoutumés à tout autre gouvernement que celui d'un seul, ou qui
croient avoir à se plaindre des inconvénients qui souvent se trouvent réuris
dans ce dernier, ne peuvent cependant
s'empêcher de convenir que s'il étoit

poſſible qu'un Souverain fût toujours
éclairé, toujours ſage, toujours juſte,
ſon gouvernement ſeroit préférable à celui d'un corps quelconque d'adminiſtrateurs ; mais en même-temps ils nient
cette poſſibilité; & d'après des exemples
ſans nombre, ils ſoutiennent que l'autorité placée dans la main d'un chef unique, doit tôt ou tard devenir funeſte à
la ſociété.

Si ceux qui raiſonnent ainſi, avoient
examiné pourquoi il a réſulté tant d'a-
bu. de cette forme de gouvernement,
ils en auroient reconnu les véritables
cauſes, & ils auroient vu qu'ils ne ſont
point propres & perſonnels au gouvernement d'un ſeul ; mais qu'ils ſont tous
communs à tous les gouvernements privés d'une connoiſſance évidente de l'ordre naturel & eſſentiel des ſociétés.

L'ORDRE eſt un enſemble parfait
dont rien ne peut être détaché, & auquel on ne peut rien ajouter : tout ce
qui s'y trouve ou de plus ou de moins
eſt un déſordre d'où *néceſſairement* d'autres déſordres doivent réſulter. Ainſi
telle inſtitution ſociale qui dans cet enſemble, produiroit tous les biens qu'on

peut defirer , devient néceffairement
abufive & pernicieufe ou du-moins inutile , dès qu'elle fe trouve féparée des
autres inftitutions qui doivent concourir
avec elle dans l'ordre naturel & effentiel
des fociétés. L'autorité prife ici pour la
force phyfique, étant aveugle, & ne
pouvant fe conduire elle-même, elle fait
le mal comme le bien, felon la direction
qui lui eft donnée : ce n'eft point à elle,
mais bien à cette direction qu'il faut attribuer les mauvais effets qu'elle produit ; il eft fenfible enfin que l'autorité
éclairée par la connoiffance évidente de
l'ordre, & l'autorité égarée dans les ténebres de l'ignorance ne doivent fe ref-
femble. ni dans leurs procédés , ni par
conféquent dans leurs effets.

CE dernier cas eft celui du tableau ré-
voltant que l'hiftoire de l'humanité met
fous nos yeux : nous y voyons l'autorité
ne point naître de la force intuitive &
déterminante de l'évidence ; ne rien tenir de l'évidence, ne jamais confulter
l'évidence : arbitraire dans les principes
de fon inftitution, il falloit bien qu'elle
le devînt dans fes volontés, & dans fa
façon d'agir : elle reffembloit alors à ces

météores qui parcourent & embrasent
les airs , sans que leurs mouvements
soient assujettis à aucune regle connue :
aussi comme eux, la voyoit-on souvent
se dissiper d'elle-méme & disparoître
dans un instant.

CONSULTEZ l'antiquité & parcourez
les différentes formes de gouvernement,
vous trouverez par-tout des effets mon-
strueux de l'autorité, qui se font plus ou
moins multipliés selon que ses États
étoient plus ou moins étendus. J'avoue
cependant que placée dans les mains d'un
seul, elle a commis plus d'horreurs ; mais
aussi son théâtre étoit plus vaste , & par
cette raison , elle avoit plus d'occasions
& plus de facilités. Je dis que son théâtre
étoit plus vaste , parce qu'à l'exception
de Rome & de Carthage, les États gouvernés par un corps d'administrateurs
ont été très-bornés ; à quoi j'ajoute que
ce n'est pas dans l'histoire de ces deux
Républiques qu'on puisera des arguments pour prouver que le partage de
l'autorité ne produit aucun désordre.

QUOI QU'IL en soit, j'admets que dans
l'état d'ignorance l'autorité est plus dangereuse dans les mains d'un seul, qu'elle
ne

ne l'eſt dans les mains de plufieurs. Ce qui me décide à le croire, c'eſt que dans cette ſeconde eſpece de gouvernement, la mauvaiſe volonté peut trouver des oppoſitions pour faire le mal, comme la bonne volonté peut en trouver pour faire le bien : les intérêts particuliers s'entreſervent ſouvent de contre-poids, & cela même doit leur arriver juſqu'à ce qu'ils ſe ſoient conciliés au préjudice de l'intérêt commun.

C'EST moins les faits qu'il faut conſulter que les cauſes qui les ont produits : ce n'eſt que ſur cette baſe qu'on peut établir un raiſonnement ſolide, parce que les mêmes cauſes produiront toujours les mêmes effets : or en examinant la cauſe premiere des faits, nous trouverons que ce n'eſt point parce que l'autorité ſe trouvoit dans les mains d'un ſeul, qu'elle eſt devenue un fléau terrible ; que c'eſt au-contraire parce que les hommes n'avoient point alors une connoiſſance évidente de l'ordre naturel & eſſentiel des ſociétés ; vérité que perſonne ne peut révoquer en doute, puiſque cet ordre ne ſe trouve dans aucune légiſlation des anciens, ni même dans

Tome I.   X

aucun de leurs Philofophes.

DANS quelques mains que l'autorité foit placée, il faut néceffairement qu'elle foit orageufe, & qu'elle devienne deftructive, dès qu'une fociété n'eft point organifée fuivant les loix de l'ordre naturel & effentiel. Mais cet ordre ne peut s'établir s'il n'eft évidemment connu : ainfi une connoiffance évidente de l'ordre eft la premiere condition requife pour qu'il ne puiffe réfulter aucun abus de l'autorité.

SUIVANT cet ordre effentiel, l'autorité tutélaire eft *l'adminiftration d'une force fociale & phyfique inftituée dans la fociété & par la fociété, pour affurer parmi les hommes la propriété & la liberté, conformément aux loix naturelles & effentielles des fociétés.*

CETTE force eft force fociale, parce que loin d'exifter par elle-même, c'eft dans la fociété qu'elle prend naiffance ; elle y eft formée par la réunion des intérêts & des volontés.

ELLE eft force phyfique, parce que cette réunion de volontés opere en faveur de cette autorité, la réunion de toutes les forces phyfiques de la fociété.

ELLE est instituée dans la société &
par la société, parce que cette réunion
de volontés & de forces ne peut avoir
lieu qu'après que les hommes se sont réunis dans un corps social.

ELLE est établie pour assurer parmi
les hommes la propriété & la liberté ,
parce que ce n'est que dans la vue d'établir solidement l'une & l'autre, que chaque société s'est formée , & que sans l'une
& l'autre aucune société ne pourroit
subsister.

ENFIN elle doit les maintenir telles
que l'exigent les loix naturelles & essentielles des sociétés, parce que ces loix
naturelles & essentielles qui tiennent à
l'ordre physique , & qu'aucune puissance
humaine ne peut changer , doivent être
la raison primitive de toutes les loix positives que cette autorité peut instituer.

AINSI l'autorité , telle que je la représente ici , est le gage de la sûreté publique ; c'est par elle seule que les droits
naturels & essentiels de chaque citoyen
acquierent la solidité qu'ils doivent
avoir : comment donc pourroit-elle devenir funeste à la société dont elle ci-
mente & perpétue l'union ? Ce malheur

ne peut arriver que de deux manieres ;
il ne peut naître que de l'ignorance ou
de la mauvaife volonté : mais par-tout
où nous fuppoferons une connoiffance
évidente & publique de l'ordre naturel
& effentiel , l'ignorance & la mauvaife
volonté ne peuvent jamais égarer le dépofitaire de l'autorité.

CE n'eft pas cependant que la perfonne même de ce dépofitaire ne puiffe
manquer des lumieres fuffifantes pour fon
adminiftration : ce léger inconvénient
doit même fe trouver fouvent dans une
Monarchie héréditaire : les Souverains
peuvent être appellés au gouvernement
avant que l'âge leur permette d'avoir
les facultés requifes pour bien gouverner ; & ce cas eft particuliérement celui
des minorités. Mais dans une nation qui
d'après une connoiffance *évidente & pu-*
blique de l'ordre naturel & effentiel de
la fociété, a donné à fon gouvernement
la forme *effentielle* qu'il doit avoir , les
loix qui ont pour elles la force defpotique de l'évidence , veillent pour le Sou-
rain mineur & pour la nation , de maniere que cette force dominante & irréfiftible fait la fûreté de leurs intérêts
communs.

MAIS , me dira-t-on , le corps des Magiſtrats , dont les lumieres & les devoirs eſſentiels ſont ſi néceſſaires au maintien des loix dans toute leur pureté , ne peut-il pas lui-même ſe laiſſer corrompre & céder à des intérêts particuliers ? Non ; cela eſt impoſſible dans l'hypothèſe où nous ſommes : dès qu'on ſuppoſe une connoiſſance *évidente* de l'ordre répandue dans toute une ſociété , il faut regarder les Magiſtrats comme comptables de leur conduite à cette *évidence publique*, & comme n'ayant rien tant à craindre que la juſtice de ſes jugements rigoureux.

JE conviens cependant que cette *évidence publique* ne peut être la même dans tous les membres de cette ſociété ; mais auſſi ne faut-il pas la concentrer dans les Magiſtrats ſeulement : dans notre ſuppoſition au-contraire , nous devons les regarder comme placés au milieu d'un cercle très-étendu , très-nombreux , qui participe à leurs connoiſſances , & qui pouvant juger ſainement de leurs opérations , eſt en état d'éclairer l'autre partie de la nation. C'eſt de ce cercle de gens lumineux que partent les

éloges du public & fa cenfure , qui , à
l'aide des mobiles que la nature à placés
en nous , & de la force propre aux affec-
t as fociales , font naître une émulation & une crainte falutaires qui fervent
de contre poids aux motifs par lefquels
nous pourrions être détournés des voies
de l'honneur & de la vertu.

Nous voyons fouvent q' e l'homme
le plus injufte veut néanmoins paroître
jufte ; au moment même qu'un intérét
criminel triomphe en lui de l'évidence
de fes devoirs , il fent que la feule publicité de fes crimes fuffit pour l'en pu-
nir ; & il ne peut étouffer dans fon ame
le fentiment qui rend cette punition redoutable pour lui. Hélas ! combien
d'hommes feroient devenus coupables ,
s'ils n'avoient été contenus par la honte
de le paroître ! Il eft certain qu'un homme n'ofera jamais fe permettre la plus légere infidélité , tant qu'il fera perfuadé
qu'elle feroit *en évidence* aux yeux de
tous ceux qu'elle intéreſſeroit. Telle eft
la fituation des Magiftrats & de tous
ceux qui font chargés de quelque adminiftration dans une nation parvenue à
une connoiſſance *évidente & publique* de

l'ordre : cette évidence qu'on ne peut choquer impunément, en l'éclairant fait sa sûreté dans tous les temps.

ON remarquera, sans doute, dans cet ouvrage que l'évidence est la base sur laquelle porte tout l'édifice de la société. Mais c'est à juste titre que je ramene tout à l'évidence, car sans l'évidence il est impossible d'imaginer rien de parfait, rien de solide.

J'AI déja dit qu'il n'y a pour nous que vérité ou erreur, qu'évidence ou opinion. Il est donc manifeste que les principes d'un gouvernement doivent *nécessairement* devenir arbitraires, dès qu'ils ne sont pas *évidents* ; c'est-à-dire, dès qu'ils ne sont pas le fruit d'une connoissance explicite & *évidente* de l'ordre naturel & essentiel des sociétés ; car encore une fois, l'ordre ne peut s'établir, qu'autant qu'il est suffisamment connu ; & il n'est suffisamment connu, qu'autant qu'il l'est ...emment , puisque tout ce qui n'est pas *évident* reste *arbitraire*.

SI DONC vous ôtez aux hommes cette connoissance *évidente*, je vous donne le choix parmi les différentes formes de gouvernement : quelle que soit celle que

vous préféreriez, vous y trouverez tous
les vices inséparables de *l'arbitraire* ; &
quelques mesures qu'on prenne pour empêcher les abus de l'autorité , il faudra
toujours & *nécessairement* ou qu'elle de
devienne oppressive , ou qu'elle soit
dans un état de foiblesse qui rende nul ce
lien politique ; auquel cas la société ne
sera plus une société.

CHAPITRE

CHAPITRE XXI.

Quatrieme suite du Chapitre XVII. Réfutation du système chimérique des contre - forces établies pour balancer l'autorité tutélaire dans le gouvernement d'un seul. Par-tout où regne l'évidence de l'ordre, les établissements de ces contre - forces sont impossibles ; dans l'état d'ignorance ils le sont encore, mais par d'autres raisons.

L'ARBITRAIRE, en cela qu'il est une production monstrueuse de l'ignorance, ne fait remédier à un désordre que par un autre désordre. Dans cet état, les hommes deviennent *nécessairement* le jouet de l'inconstance orageuse de l'opinion. Ces vérités si simples, si évidentes par elles-mêmes ont cependant échappé à

Tome I. Z

de grands génies : & de leur inattention à ce sujet est provenu le système des contre-forces qu'ils ont prétendu devoir être opposées à l'autorité , pour en arrêter les abus.

Ou les principes d'un gouvernement font *évidents* , ou ils ne le font pas : s'ils le font , toutes les forces & toute l'autorité font acquifes à leur *évidence* ; ainfi les contre-forces ne peuvent avoir lieu ; il n'y a pour lors qu'une feule force , parce qu'il n'y a qu'une feule volonté. Si au-contraire ces principes ne font pas *évidents* , l'établiffement des contre-forces eft une opération impraticable ; car quelle contre-force peut-on oppofer à celle de l'ignorance , fi ce n'eft celle de l'évidence ? Comment diffiper les ténebres de l'erreur , fi ce n'eft par la lumiere de la vérité ? Qu'eft-ce que c'eft que le projet de choifir un aveugle pour fervir de guide à un autre aveugle ? On craint l'ignorance dans le Souverain , & pour empécher qu'elle ne l'égare, on lui oppofe d'autres hommes qui ne font pas en état de fe conduire eux-mêmes ; voilà ce qu'on appelle des contre-forces : il faut convenir qu'elles font bien mal imaginées ; qu'il eſt inconcevable qu'on ait pu ſe perſuader que l'ignorance pût ſervir utilement de contre-force à l'ignorance.

EN adoptant même cette chimere, ne voit-on pas qu'il eſt impoſſible de s'aſſurer que chaque force ſera demain ce qu'elle paroît être aujourd'hui ? Je dis ce qu'elle *paroît être* , car on ne peut jamais avoir aucune certitude de ſon véritable état actuel , vu qu'il dépend de diverſes diſpoſitions morales qui peuvent bien être préſumées , mais non pas connues avec *évidence*. Ainſi à conſidérer ces contre-forces dans le premier moment de leur inſtitution, dans l'action même de les former , on voit qu'elles ne ſont qu'un jeu ridicule de l'opinion.

CEUX qui ont imaginé le ſyſtème des contre-forces, ont penſé que le pouvoir du Souverain pouvoit être modifié par un autre pouvoir oppoſé , tel que celui d'une puiſſance établie pour en être le contre-poids & le balancer. Si dans l'exécution de cette idée biſarre on pouvoit parvenir à inſtituer deux puiſſances parfaitement égales , ſéparément elles feroient toutes deux nulles , ainſi que je

l'ai déja démontré ; si au-contraire elles
étoient inégales, il n'y auroit plus de
contre-forces. Voilà une premiere contradiction bien évidente.

On s'est persuadé sans doute qu'il en
est des contre - forces morales comme
des contre-forces physiques . qui par
la contrariété de leur direction , déter-
minent nécessairement certains corps à
rester dans une situation mitoyenne.
Mais on n'a pas vu que dans le physique
la direction *donnée* ne dépend point de
l'opinion des choses qui font contre-
force, & que dans le moral au-contraire
ceux qui font contre-force , peuvent
eux-mêmes changer leur direction au
gré de leur opinion. Ainsi au moyen de
ce qu'on ne peut être certain que cette
direction soit toujours la même en eux ,
il devient impossible de pouvoir compter fur leurs contre-forces ; & ce systême qui suppose uniforme & constant ce
qui est *évidemment* connu pour ne pouvoir l'être, tombe en cela dans une seconde contradiction évidente.

Si l'Auteur qui a le plus soutenu ce
projet chimérique, pouvoit me répondre , je lui demanderois comment il a

compté calculer les contre-forces pour
trouver leur point d'équilibre. Dans
l'ordre social toute force est le produit
d'une réunion d'opinions & de volontés,
& le principe de cette réunion est ou *évident* ou *arbitraire*. Dans le système en
question, on ne peut supposer que ce
principe soit *évident*, parce qu'alors,
comme je viens de le dire, il n'y auroit qu'une seule volonté, & une seule
force sociale. Mais puisqu'il ne peut être
qu'*arbitraire*, on ne peut plus calculer
ni le principe ni son produit : dès que
les opinions sont séparées de l'évidence,
il est certain que nous ne pouvons ni
connoître leur force, ni nous assurer de
leur durée.

ÉTABLISSONS pour un moment une
contre-force, & supposons qu'un Souverain ne puisse rien ordonner que du
consentement de son Conseil ; compo-
sons même ce Conseil de telle sorte qu'il
forme la plus grande contre-force possible : alors ce n'est plus le gouvernement
d'un seul, c'est le gouvernement de plusieurs, d'un corps composé d'un chef
& de son Conseil, dont chaque membre participe ainsi à la Souveraineté.

Z iij

Ce corps cependant fe trouve inftitué de maniere qu'il forme réellement deux puiffances dont les forces font deftinées à fe trouver en oppofition ; car le Souverain fuppofé ne peut rien fans fon Confeil, & le Confeil entier ne peut rien fans le Souverain. Examinons maintenant la valeur de cette difpofition, & fi ces deux puiffances font réciproquement contre-force.

Je conviens que le Souverain fait contre-force vis-à-vis la puiffance de fon Confeil ; & l'effet de cette contre-force eft de mettre le Souverain dans le cas de pouvoir s'oppofer au bien comme au mal. Il n'y a donc point un avantage certain à établir que le Confeil ne peut rien fans le Souverain. Je trouve ce même inconvénient dans la prétendue contre-force du Confeil : l'ignorance peut la rendre très-préjudiciable ; elle peut perdre la nation au-lieu de la fervir. Mais à ce premier inconvénient il s'en joint un fecond ; c'eft que cette efpece de contre-force n'eft rien moins que ce qu'elle paroît : impoffible d'empêcher ceux qui concourent à la former, d'être dominés par leurs intérêts particu-

liers : dès-lors plus de contre force ; fa
direction ne peut plus être fixée ; celle-
ci doit *néceſſairement* changer au gré de
ſes intérêts. Ajoutez que ces ſortes de
variations ſont même d'autant plus naturelles, que tout devient arbitraire dès
que les hommes ne ſont point éclairés
par l'évidence de l'ordre ; or quand
tout eſt arbitraire, on ne peut accuſer
perſonne d'avoir évidemment trahi ſon
miniſtere. Ainſi dans le cas ſuppoſé, la
contre-force du Conſeil eſt abſolument
nulle, à moins qu'on ne commence par
en oppoſer une aux intérêts particuliers;
mais celle-ci ne peut ſe trouver que dans
la force irréſiſtible de l'évidence.

Sous quelque face que nous conſidé-
rions ce ſyſtême ſpécieux, nous y trouvons donc les mêmes contradictions : il
conſiſte au fonds à oppoſer une opinion
à une autre opinion : des volontés arbitraires à d'autres volontés arbitraires ;
des forces inconnues à dautres forces inconnues : dans cet état, il eſt impoſſible
que des intétêts particuliers ne ſoient
pas la meſure de la réſiſtance que ces
forces peuvent éprouver tour à tour,
ainſi que les motifs ſecrets de leur conci-

Z iv

liation : il eſt impoſſible qu'entre ces mêmes forces il ne ſe perpétue pas une guerre ſourde & inſidieuſe, pendant laquelle les brigues, les ſéduĉtions, les trahiſons de toute eſpece deviennent des pratiques habituelles & néceſſaires ; guerre cruelle & deſtruĉtive qui ſe fait toujours aux dépens des intérêts de la nation, *néceſſairement* viĉtime de la cupidité des combattants.

Dans un gouvernement dont les principes ſont *arbitraires*, il eſt inutile de ſe mettre l'eſprit à la torture pour trouver des contre-forces ; car ce qui rend vicieux ce gouvernement, c'eſt préciſément la multitude des contre-forces qui s'y forment *naturellement*, parce qu'il s'établit *naturellement* un grand nombre d'opinions différentes, & d'intérêts particuliers oppoſés les uns aux autres : auſſi cette diviſion tend-elle à l'anarchie & à la diſſolution de la ſociété. Pour faire ceſſer ce déſordre, toutes forces *faĉtices* ſont impuiſſantes ; parce que toute opinion n'eſt-forte qu'en raiſon de la foibleſſe de celles qui lui ſont contraires. On ne peut donc employer alors que la force naturelle de *l'évidence*, comme feule & unique contre-force de l'arbitraire.

LA FORCE de *l'évidence* eft dans l'évidence même ; auffi eft-il certain que fitôt que l'évidence eft connue, fa force devient irréfiftible : elle ne peut donc rencontrer des contre-forces que dans l'ignorance ; mais il fuffit d'éclairer celle-ci pour la défarmer. Il n'en eft pas ainfi de la force d'une fimple *opinion :* non-feulement elle a tout à craindre de *l'évidence* contre laquelle elle ne peut rien ; mais elle a pour ennemis encore autant d'autres forces particulieres qu'il peut s'établir d'opinions diverfes. Toutes ces forces qui font également des productions de l'ignorance, qui ne tiennent rien d'elles – mêmes, & doivent à l'ignorance tout ce qu'elles font, combattent entre elles à armes égales ; ce font des aveugles qui s'attaquant réciproquement, ne peuvent connoître que les maux qu'ils éprouvent, & jamais ceux qu'ils font. De remedes à cette confufion, il n'en eft point ; il faut abfolument fe décider entre n'admettre qu'une autorité unique, établie fur *l'évidence*, ou une multitude d'autorités arbitraires dans leurs inftitutions comme dans leurs procédés , & qui ne peuvent ceffer de s'entre-choquer.

Il est donc certain que ce n'eft que dans une nation parvenue à une con-noiffance *évidente & publique* de l'or-dre naturel & effentiel des fociétés ; qu'on n'a rien à craindre de l'autorité tutélaire : cette connoiffance *évidente & publique* ne peut exifter fans procu-rer à la fociété , la forme effentielle qu'elle doit avoir ; or cette forme effen-tielle une fois établie , elle doit trou-ver en elle-même tous les moyens né-ceffaires pour fe conferver ; car le pro-pre de l'ordre eft de renfermer en lui-même tout ce qu'il lui faut pour fe per-pétuer.

Ainsi dans une telle fociété toutes les loix pofitives ne pourront être que des réfultats évidents des loix naturel-les & effentielles.

Ainsi ces mêmes loix pofitives fe-ront toutes favorables au droit de pro-priété & à la liberté.

Ainsi le corps des Magiftrats gar-diens & dépofitaires de ces loix , ne fe-ra compofé que de citoyens ayant les

qualités requifes pour la fainteté de leur
miniftere.

AINSI ces Magiftrats , comptables
de leurs fonctions au Souverain & à
l'évidence publique , qui en éclairant la
nation veillera fans ceffe fur eux , feront
contraints de ne jamais parler un autre
langage que celui de la juftice & de
l'évidence.

AINSI les lumieres , le zele & la fidélité de ces mêmes Magiftrats ne ceffe-
ront d'être pour le Souverain une reffource affurée contre les furprifes qui
pourroient être faites à fon autorité , au
mépris de fes intérêts *évidents* & de ceux
de fes fujets.

AINSI l'évidence de la fageffe & de la
juftice des loix pofitives fera le garant de
leur immutabilité & de leur obfervation
la plus exacte , jufques dans les temps où
la perfonne même du Souverain ne feroit
pas en état de les protéger.

AINSI la force defpotique de cette
évidence fera le titre primitif de leur autorité facrée , fous la protection de laquelle toutes les perfonnes & tous les
droits feront également & toujours en
fûreté.

Ainsi les peuples verront leur meilleur état poſſible dans leur ſoumiſſion conſtante à ces loix ; ils béniront , ils adoreront le Souverain en lui obéiſſant; & leurs richeſſes ne croiſſant que pour être partagées avec le Monarque qui leur en procure la jouïſſance paiſible , ſon intérêt perſonnel & ſon autorité bienfaiſante doivent aſſurer à jamais la conſervation de cet ordre divin , qui eſt le principe *évident* de leur proſpérité commune.

Cette légere eſquiſſe me diſpenſe de parler des effets de la mauvaiſe volonté : premiérement , ils ſeroient *inconciliables* avec la force irréſiſtible dont jouïra toujours *l'évidence* de l'ordre naturel & eſſentiel ; en ſecond lieu , il eſt contre nature de ſuppoſer dans un Souverain, une mauvaiſe volonté *évidente* , un deſſein manifeſte de trahir *évidemment* ſes propres intérêts dans ceux de ſes ſujets , & de travailler ainſi lui-même à l'anéantiſſement de ſa puiſſance & de ſa ſouveraineté. Mais quand même cette manie inconcevable & inadmiſſible ſeroit poſſible en ſpéculation , toujours eſt-il vrai qu'elle doit être bien plus rare dans un

Souverain qui ne peut s'y livrer qu'à son préjudice , que dans un corps d'administrateurs qui peuvent s'abandonner à leur mauvaise volonté sans trahir leurs intérêts personnels , & même en les servant ; par-conséquent que le gouvernement d'un seul est encore, à cet égard , préférable à tout autre gouvernement qui n'est point également protégé par *l'évidence* & par les intérêts même du dépositaire de l'autorité. S'il reste quelques nuages sur cette vérité , j'ose me flatter que les chapitres suivants acheveront de les dissiper,

CHAPITRE XXII.

Continuation du même sujet. Du Despotisme. Pourquoi il nous est odieux ; l'ignorance est la cause primitive des désordres qu'il a produits. L'homme est destiné par la nature même à vivre sous une autorité despotique. Il est deux sortes de Despotismes ; l'un est personnel & légal ; l'autre est personnel & arbitraire : le premier est le seul conforme à l'ordre essentiel des sociétés ; le second est aussi funeste au Despote même qu'aux peuples qu'il opprime.

L E GRAND argument de ceux qui sont ennemis de toute Monarchie, est que cette forme de gouvernement conduit au despotisme. Ce nom nous peint toujours une chose odieuse, contraire à l'or-

dre, aux droits naturels de l'humanité.
Cette averfion nous eft naturellement
fuggérée par la feule contemplation des
défordres qu'il a produits : frappés de
l'horreur qui nous faifit à la vue de ce
tableau, nous fommes révoltés fur-le-
champ contre le defpotifme ; nous le regardons comme un fléau terrible & habituel ; nous le condamnons ainfi fans
chercher à approfondir (d'où provien-
nent les maux qu'il a faits ; s'ils lui font
propres, ou s'ils lui font étrangers ; &
nous ne fervons plus des termes de *defpote* & de *defpotifme*, que pour exprimer
une forte d'autorité monftrueufe, que
l'ordre & la raifon ne peuvent reconnoître, & dont il faut abfolument pur-
ger la fociété.

C'EST AINSI que les faits, détachés
de leurs caufes premieres, font pour
nous une fource d'erreurs. On a raifon
de s'élever contre le defpotifme confidéré tel qu'il a prefque toujours été
chez quelque nation ; mais le defpotifme
factice & déréglé, dont nous fommes
effrayés à jufte titre, & le defpotifme
naturel, tel qu'il eft inftitué par l'ordre
même, ne fe reffemblent point : il eft

également impossible que le premier ne soit pas orageux , destructif, accablant , & que le second ne produise pas tous les biens que la société peut desirer.

QUI EST-CE qui ne voit pas , qui est-ce qui ne sent pas que l'homme est formé pour être gouverné par une autorité despotique ? Qui est ce qui n'a pas éprouvé que sitôt que l'évidence s'est rendue sensible , sa force intuitive & déterminante nous interdit toute délibération ? Elle est donc une autorité despotique , cette force irrésistible de l'évidence , cette force *qui pour commander despotiquement à nos actions , commande despotiquement à nos volontés.*

LE despotisme naturel de l'évidence amene le despotisme social : l'ordre essentiel de toute société est un ordre évident ; & comme l'évidence a toujours la même autorité , il n'est pas possible que l'évidence de cet ordre soit manifeste & publique , sans qu'elle gouverne despotiquement.

C'EST par cette raison que cet ordre essentiel n'admet qu'une seule autorité , & par-conséquent un seul chef : l'évidence ne pouvant jamais être en contradiction

diction avec elle-même, fon autorité eft *néceffairement* defpotique, parce qu'elle eft néceffairement *une* ; & le chef qui commande au nom de cette évidence, eft *néceffairement* defpote, parce qu'il fe rend perfonnelle cette autorité defpotique.

S'IL EST inconteftable que nous fommes organifés pour connoître l'évidence & nous laiffer gouverner par elle ; s'il eft inconteftable que l'ordre effentiel de toute fociété eft un ordre évident, il réfulte de ces deux propofitions, qu'il eft dans les vues de la nature que le gouvernement focial foit un gouvernement defpotique, & que l'homme, en cela qu'il eft deftiné à vivre en fociété, eft deftiné à vivre fous le defpotifme. Une autre conféquence encore, c'eft que cette forme de gouvernement eft la feule qui puiffe procurer à la fociété fon meilleur état poffible ; car ce meilleur état poffible eft le fruit néceffaire de l'ordre : ce n'eft que par une obfervation fcrupuleufe de l'ordre qu'il peut s'obtenir ; ainfi ce n'eft qu'autant que l'évidence de l'ordre gouverne defpotiquement, que les hommes peuvent parvenir à jouïr de tout le bonheur que l'humanité peut comporter.

LE DESPOTISME n'a fait que du mal, nous dit-on : *donc il est essentiellement mauvais*. Assurément cette façon de raisonner n'est pas conséquente : on pourroit dire aussi , la société occasionne de grands maux ; donc elle est essentiellement mauvaise ; & ce second argument vaudroit le premier. Oui sans doute , le despotisme a fait beaucoup de mal ; il a violé les droits les plus sacrés de l'humanité ; mais ce despotisme factice & contre nature, n'étoit pas le despotisme naturel de l'évidence de l'ordre ; ce dernier assure les droits que le premier détruit.

IL N'EST POINT pour nous de milieu entre être éclairés par l'évidence ou être livrés à l'ignorance & à l'erreur. De-là , deux sortes de despotisme , l'un légal , établi naturellement & *nécessairement* sur l'évidence des loix d'un ordre essentiel , & l'autre *arbitraire* , fabriqué par l'opinion, pour prêter à tous les désordres , à tous les écarts dont l'ignorance la rend susceptible.

LE désir de jouïr est également le

premier principe de ces deux defpotifmes ; mais dans celui là l'action de ce
mobile eft dirigée par l'évidence de l'ordre, & dans celui-ci elle eft déréglée
par l'opinion, qui, égarée par l'ignorance, ne met point de bornes à fes prétentions. De-là s'enfuit que le defpotifme légal, qui n'eft autre chofe que la
force naturelle & irréfiftible de l'évidence, qui par conféquent affure à la fociété l'obfervation fidele & conftante de
fon ordre effentiel, de fon ordre le plus
avantageux, eft pour elle, le meilleur
gouvernement poffible, & l'état le plus
parfait qu'elle puiffe défirer : de-là s'enfuit encore que le defpotifme qui fe forme dans un état d'ignorance, eft arbitraire dans toutes fes parties : il l'eft dans
fon inftitution ; car il prend naiffance
dans des prétentions arbitraires : il l'eft
dans la façon de fe maintenir ; car il ne
fe prolonge que par l'utilité dont il eft
à des prétentions arbitraires : il l'eft
dans fes procédés ; car il ramene tout à
la force qui fert fes prétentions arbitraires.

LE VOILA ce defpotifme terrible ;
ce defpotifme arbitraire que l'ordre ré-

prouve, parce que l'ordre & l'arbitraire font abſolument incompatibles ; le voilà tel que l'ignorance l'a enfanté en différents temps pour le malheur commun des deſpotes & des infortunés qu'ils tenoient dans l'oppreſſion. Les ſuites cruelles qu'il doit avoir pour les peuples font trop connues, pour que j'entre dans aucun détail à ce ſujet ; mais ce que je dois faire principalement remarquer, c'eſt que ce deſpotiſme n'eſt pas moins redoutable, pas moins funeſte à l'oppreſſeur, qu'il l'eſt aux opprimés. Cette vérité ſera pour nous une nouvelle preuve que dans l'ordre tout ſe tient ; que le bonheur particulier de chaque individu eſt lié au bonheur général ; que le meilleur état poſſible des ſujets devient *néceſſairement* le meilleur état poſſible des Souverains.

CHAPITRE XXIII.

Suite du Chapitre précédent. Le despotisme arbitraire considéré dans ses rapports avec l'autorité ; avec la sûreté personnelle & les intéréés du despote. Combien ce despotisme lui est nécessairement désavantageux. Sous le despotisme arbitraire il n'est point de véritable société, point de nation proprement dite.

Le despotisme arbitraire est un composé de quatre parties qu'il faut considérer séparément. Ces quatre parties sont le despotisme, le despote, la force physique qui fait son autorité, & les peuples qu'il contraint de lui obéir. Le despotisme arbitraire est une production bisarre de l'ignorance, une force physique qui se sert de sa supériorité pour opprimer. Cette force n'exifte point par elle-même & dans un feul individu ; elle eft le réfultat d'une affociation ; & cette affociation fe forme par un concours de prétentions & d'intérêts arbitraires qui s'uniffent à cet effet. Mais par la raifon que ces prétentions & ces intérêts font arbitraires, leur pofition refpective peut changer à tout inftant, & les conduire à fe défunir : alors plus d'affociation ; plus de force fupérieure ; plus de defpotif-me : fon exiftence n'eft ainfi *néceffaire-ment* que précaire & conditionnelle.

CEPENDANT la chûte du defpotifme doit entraîner celle du defpote ; car point de defpote fans defpotifme : ainfi tous les rifques que le defpotifme court habi-tuellement, font communs au defpote. Mais outre ces premiers rifques il en eft d'autres encore qui font propres & par-ticuliers à la perfonne de ce dernier : le defpotifme ne tient point au defpote, comme le defpote tient au defpotifme ; & la force qui foutient le defpotifme peut, fans changer la forme du gouver-nement, facrifier à fes prétentions arbi-traires, la perfonne même du defpote.

QUAND des exemples multiples ne

nous apprendroient pas combien ces pe-
tites révolutions font naturelles & faci-
les, quelques réflexions fuffiroient pour
nous les démontrer. La force qui fert
de bafe à l'autorité du defpote arbitraire, n'eft ni à lui ni en lui ; elle n'eft au-
contraire qu'une force empruntée ; &
c'eft d'elle qu'il tient tout, tandis qu'elle
ne tient rien de lui. Il eft donc abfolument dans la dépendance de cette force ;
car il ne peut jamais en difpofer malgré
elle, au-lieu qu'elle peut toujours difpofer de lui malgré lui.

CETTE obfervation nous montre que
le defpote arbitraire n'eft rien moins que
ce qu'il paroît être ; c'eft une efpece de
corps tranfparent & fragile, au-travers
duquel on apperçoit la force qui l'environne : on peut le comparer à ces figu-
res de bois ou d'ofier, qui femblent faire
mouvoir une machine à laquelle elles
font attachées, tandis que c'eft cette même machine qui leur imprime tous leurs
mouvements. Le defpotifme eft véritablement acquis à la force d'affociation
qui le maintient ; & les intérêts perfonnels arbitraires qui forment cette affociation, font les refforts intérieurs du

despotisme arbitraire. Le despote n'est ainsi qu'un simulacre qui se meut au gré de cette force dont il est tellement dépendant, qu'il ne peut se passer d'elle, & qu'elle peut au-contraire se passer de lui.

Dans le dernier état de l'Empire Romain, le despotisme arbitraire s'étoit emparé du gouvernement. Mais quels avantages les despotes en ont-ils retirés? Nous voyons une succession d'Empereurs alternativement immolés au caprice de leur armée révoltée, ou à l'enthousiasme d'un petit nombre de conjurés à qui la trahison tenoit lieu de force. Ceux qui, à l'exemple de Sylla, dépouilloient les citoyens pour enrichir les soldats, excitoient dans Rome des conspirations; ils périssoient par la main des citoyens. Ceux qui, loin de se propicier le soldat par des profusions, cherchoient à mettre un frein à sa cupidité, blessoient les prétentions arbitraires des gens de guerre; ils périssoient par la main des soldats. L'opinion livrée à toute la fureur des passions & à tous les égaremens de l'ignorance, disposoit de la force publique, parce que c'étoit cette même opinion

qui

qui la formoit. Cette force tenoit fous
le joug de la tyrannie ceux même auxquels elle vendoit le droit chimérique
de lui commander : les defpotes qu'elle
établiffoit , obligés de chercher la mort
dans la haine du citoyen , pour ne pas
la trouver dans le mécontentement de
l'armée, étoient ainfi privés *de la propriété* de leur perfonne : ces prétendus
maîtres fi grands , fi redoutables n'a-
voient pas même la liberté d'être juftes
& vertueux ; ils fe trouvoient réduits à
n'être que les efclaves d'une puiffance
arbitraire, qui ne leur prêtoit fon pouvoir que pour les rendre les inftruments
ferviles de fon ambition aveugle. Par-
tout où le defpotifme arbitraire s'eft établi, & principalement chez les Afiati-
ques , nous lui avons vu conftamment
produire les mêmes effets , & devenir
également funefte aux defpotes qui n'é-
toient point affez fages pour fe conduire
fur d'autres principes.

AINSI l'épée dont le defpote s'arme
pour frapper , eft la même qui fe trouve
fufpendue par un fil au-deffus de fa tête ;
& la force qui eft le fondement de fa
puiffance arbitraire, eft précifément celle

qui le dépouille de son autorité, & qui menace sa personne à chaque instant. Cette position est d'autant plus cruelle, que ce qu'elle a d'affreux n'est balancé par aucun avantage ; car le despotisme arbitraire, considéré dans ses rapports avec les peuples, n'a pas moins d'inconvénients pour le despote.

En effet, à parler rigoureusement, un despote arbitraire commande, mais ne gouverne pas : par la raison que sa volonté arbitraire est au-dessus des loix qu'il institue arbitrairement, on ne peut pas dire qu'il y ait des loix dans ses États: or un gouvernement sans loix est une idée qui implique contradiction ; ce n'est plus un gouvernement. A la faveur d'une force empruntée ce despote commande donc à des hommes que cette force opprime ; mais ces hommes ne sont point des *sujets*, & ne forment point ce qu'on peut appeller une *nation*, c'est-à-dire, *un corps politique dont tous les membres sont liés les uns aux autres par une chaîne de droits & de devoirs réciproques, qui tiennent l'Etat gouvernant & l'Etat gouverné inséparablement unis pour leur intérêt commun.*

J'AI déja dit & redit que les *devoirs font établis fur les droits, comme les droits le font fur les devoirs :* mais fous le defpotifme arbitraire il n'en exifte réellement d'aucune efpece ; le nom même de droits & de devoirs doit y être inconnu : quiconque jouït de la faveur du defpote arbitraire, peut au gré de fon caprice dépouiller les autres hommes de ieurs biens, de leur vie, de leur liberté ; il n'y a donc parmi eux aucune forte de propriété conftante, par-conféquent aucuns droits réciproques & *certains.* Ce défordre s'accroît toujours en raifon du nombre de ceux auxquels le defpote communique une portion de fon autorité : le fyftême de ce prétendu gouvernement étant de rapporter tout à la force, chacun de ceux qui commandent en fous-ordre, eft autorifé par ce même fyftême, à fe permettre tout ce que lui permet la force dont il a la difpofition.

C'EST fous ce defpotifme arbitraire qu'on peut dire qu'il n'exifte qu'un feul & unique devoir abfolu, celui d'obéir. Mais quoique j'aye déja démontré dans le Chapitre XIII, que l'idée de ce prétendu devoir unique & abfolu renferme

des contradictions évidentes, cet objet
est d'une trop grande importance, pour
me contenter de ce que j'ai dit à son
sujet.

Si l'obligation d'obéir est un devoir
unique & absolu, cette obligation est
donc sans bornes ; elle est la même dans
tous les cas, & quelle que puisse être la
chose commandée. Je demande à présent s'il est quelqu'un qui puisse entendre sans horreur, sans frémir, que tout
homme placé pour obéir à un autre, est
dans une obligation indispensable, dans
une obligation absolue d'exécuter tout
ce que son supérieur lui ordonne. Ne
voit-on pas d'un coup d'œil que tous les
liens du corps politique sont rompus ;
qu'autant il est de commandants, autant
il est d'autorités despotiques indépen-
dantes les unes des autres ? Un furieux
se trouve avoir cent hommes à ses ordres ; dans ce système il faut aller jusqu'à soutenir qu'ils sont indispensable-
ment obligés de s'armer pour tous les
forfaits qu'il leur commande : quel que
soit l'objet sur lequel sa fureur veuille
se déployer, les plus grands crimes &
les plus évidents deviennent pour eux

un devoir ; & d'après le principe dont il s'agit, ils feroient coupables s'ils étoient arrêtés par l'évidence des atrocités qu'on leur ordonne de commettre.

JE viens de dire que dans ce fyftême abfurde tous les liens du corps politique font rompus ; pour le prouver d'une maniere bien fenfible, il me fuffit de faire obferver qu'il n'eft plus aucun moyen d'affurer à l'autorité l'obéiffance qu'on doit naturellement à fes ordres. Quiconque commande doit être obéi ; quiconque commande eft donc defpote. Mais s'il eft defpote il ne peut être commandé ; & lorfqu'il l'eft, fon obéiffance eft abfolument volontaire ; car s'il lui plaît de donner aux hommes qui lui font foumis, des ordres contraires à ceux qu'il reçoit, ces hommes doivent exécuter fes volontés particulieres, & point du tout celles de fes fupérieurs. Dans cet état d'infubordination, impoffible qu'il exifte aucune autorité réelle autre que celle qu'on exerce immédiatement fur des hommes qui n'ont aucune forte de commandement. Au milieu de cette confufion, impoffible qu'on puiffe entendre la voix d'une autorité premiere ;

impoſſible de former cette chaîne de devoirs évidents qui forcent toutes les volontés de ſe rallier à elle pour ne point
s'en ſéparer, ſi jamais cette ſéparation
leur étoit commandée, au mépris de
ces mêmes devoirs.

Les peuples qui gémiſſent ſous le joug
du deſpotiſme arbitraire, ne forment
donc point une nation, parce qu'ils ne
forment point entr'eux une ſociété ; car
il n'eſt point de ſociété ſans droits réciproques, & il n'eſt point de droits là
où il n'eſt point de propriété. Chaque
homme ne voit dans les autres hommes
que des ennemis, parce que s'ils ne le
ſont pas déja, ils peuvent le devenir
d'un inſtant à l'autre. Dans cette poſi-
tion, il n'exiſte que des intérêts particuliers, & nullement un intérêt commun,
ſi ce n'eſt dans un ſeul & unique point,
qui eſt la deſtruction du deſpotiſme, pour
établir, ſur ſes ruines, une ſociété qui
du-moins ait forme de ſociété.

Il eſt évident que des peuples qui
n'ont entr'eux aucuns droits *certains*,
aucuns devoirs réciproques, aucun autre intérêt commun qu'un intérêt qui les
rend ennemis du pouvoir ſous le poids

duquel ils font accablés, ne tiennent
à ce pouvoir par aucun lien focial ; car
il n'exifte point de lien focial fans fociété ; & il n'exifte point de fociété entre
un oppreffeur & des opprimés : elle eft
totalement anéantie dès que les procédés
arbitraires d'une force fupérieure détruifent la réciprocité des droits & des devoirs.

JE ne dirai point ici combien cette
fituation violente met en danger la perfonne du defpote arbitraire ; je ne dirai point que cet intérêt commun, toujours prêt à s'armer contre lui, peut opérer des affociations qui lui deviennent
funeftes ; que plus le defpotifme arbitraire veut refferrer les liens de l'efcla-
vage, & plus il augmente l'intérêt & le
defir d'en fortir ; que pour connoître
combien cette dégradation morale peut
devenir fatale à ceux qui en font les au-
teurs, il eft inutile de confulter des temps
éloignés de nous, qu'il fuffit de paffer
les mers, & d'y voir ce que les maîtres
ont à craindre des efclaves qui ont formé la volonté de fortir de l'oppreffion ;
j'obferverai feulement que le danger du
defpote eft d'autant plus grand & d'au-

tant plus habituel, que fa perte n'a pas befoin d'être préparée de longue main, & qu'elle peut être confommée fans de grands mouvements: un vil efclave, un intérêt obfcur, une intrigue fourde & baffe fuffifent pour porter des coups dont le defpote arbitraire ne peut jamais être garanti par toutes les forces dont il eft environné. Une chofe même terrible à mon gré, & que je ne peux envifager de fang-froid, c'eft que le defpotifme arbitraire eft fait pour affurer l'impunité du crime au fuccès de ces fortes d'entreprifes : la volonté du defpote étant la loi fuprême, & s'anéantiffant avec lui, la pourfuite d'un tel attentat dépend uniquement des volontés de celui qui le remplace : ainfi toutefois que ce dernier eft coupable lui-même, il n'eft plus de loi qu'il ait à redouter.

MAIS nous, dont les mœurs ne nous permettent pas de croire à fes forfaits ; nous dont les Souverains trouvent leur fûreté perfonnelle dans l'autorité facrée des loix, & dans l'amour de leurs fujets, détournons nos regards de deffus ces objets qui nous font horreur, & contentons-nous de parcourir les effets du def-

potifme arbitraire dans les rapports d'intérêts réciproques qui fe trouvent entre
les peuples & le defpote.

LE defpotifme arbitraire , en cela
qu'il eft deftructif du droit de propriété,
devient abfolument exclufif de l'abondance ; il éteint toute activité ; il anéan-
tit toute induftrie ; il tarit la fource de
toute richeffe dans toute l'étendue de fa
domination. Le produit des terres fe
trouve ainfi prefque réduit à rien , en
comparaifon de ce qu'il pourroit ou de-
vroit être ; & les revenus du defpote diminuent d'autant , ainfi que la population & tout ce qui concourt à confti-
tuer la force politique. Je dis que fes revenus diminuent d'autant , parce que
l'impôt , comme on le verra dans les
Chapitres fuivants, ne peut être fourni
que par les produits des terres * , & il
a une mefure *naturelle* qu'aucune puiffance humaine ne peut outre-paffer , fi ce
n'eft au préjudice de l'impôt même qu'elle voudroit augmenter.

CEPENDANT la diminution des reve-

---

* Nª. Par le produit des terres , il faut entendre auffi celui des eaux.

nus du defpote arbitraire ne le difpenfe
point d'être grévé d'un tribut confidé-
rable ; car on peut appeller de ce nom
les fommes qu'il eft obligé de facrifier
pour acheter la force qui fait le foutien
de fon autorité. Il arrive même, par une
contradiction commune à tout ce qui
eft contraire à l'ordre, que plus il a
befoin de cette force, & moins il eft en
état de la payer : plus le defpote abufe
de fon pouvoir, & plus il énerve fes
propres revenus par les obftacles qu'il
met à la reproduction : alors le mécontentement général croît en raifon de ce
que la reproduction s'affoiblit. Il eft
fenfible que dans cette pofition le defpote arbitraire augmente le befoin qu'il
a d'être protégé par la force, & qu'à
proportion de l'accroiffement de ce befoin, les moyens de fatisfaire aux dépenfes qu'il exige, éprouvent de la diminution. Il fe trouve donc dans le cas
d'avoir plus à payer & moins à recevoir;
je ne crois pas qu'il y ait un défordre
plus évidemment contraire à fes propres
intérêts.

Il est aifé maintenant d'apprécier à
fa jufte valeur le defpotifme arbitraire :

il dévore sa propre substance, en dé-
truisant le germe de la richesse, de la
population, de la force politique de
l'État ; il tient le despote dans une
dépendance *nécessaire* & dispendieuse
pour lui : en même temps qu'il diminue doublement les revenus de ce Prince, il en laisse la personne & l'autorité
perpétuellement exposées à tous les ora-
ges de l'opinion & des prétentions arbitraires : il brise enfin tous les liens du
corps politique ; au moyen de quoi danger pour l'État, à raison de sa foiblesse ;
danger pour l'autorité, parce qu'elle n'a
nulle consistence ; danger pour la personne du despote, parce qu'il n'est pour
elle aucune sûreté ; danger par-tout, en
un mot, & pour tout ce qui tient à ce
despotisme désastreux. Quels sont donc
ses attraits perfides, pour que tant de
Souverains n'ayent pu se défendre de
leur séduction, & en soient devenus les
victimes ? Ces attraits ne sont que des
jeux de l'opinion, des prestiges qui ne
peuvent en imposer qu'à l'ignorance : si
ces Princes infortunés eussent eu une
connoissance évidente de l'ordre naturel & essentiel des sociétés, ils auroient

trouvé dans son despotisme légal, la véritable indépendance, le véritable despotisme personnel qui faisoit l'objet de leur ambition ; par son moyen, ils seroient parvenus *naturellement* & rapidement au dernier degré possible de richesses, de puissance, de gloire & d'autorité ; leur bonheur alors leur auroit paru d'autant plus vrai, d'autant plus parfait, qu'il eût été le fruit d'un ordre qui se maintient de lui-même ; qui n'exige des Souverains aucuns sacrifices ; il n'a besoin que d'être suffisamment connu pour s'établir ; & il lui suffit d'être établi pour se perpétuer.

CHAPITRE XXIV.

Du despotisme légal. Il devient nécessairement personnel, mais sans aucun inconvénient pour les peuples. Combien il est avantageux aux Souverains. Parallele de ses effets & de ceux du despotisme arbitraire. Grandeur & puissance des Souverains dans le despotisme légal. Il procure & assure le meilleur état possible au Souverain & à la souveraineté, ainsi qu'à la nation.

Ce n'est point assez d'avoir démontré combien le despotisme arbitraire, si cruel pour les peuples, est contraire à tous les intérêts du despote ; il faut maintenant faire voir combien le despotisme légal, si favorable, si nécessaire au bonheur des sujets, est, en tout point, avantageux au Souverain & à la souveraineté.

QUAND le defpotifme eft légal, des loix immuables, dont la juftice & la néceffité font toujours *en évidence*, rendent la majefté du Souverain & fon autorité defpotique toujours préfentes jufques dans les parties de fon empire les plus éloignées de fa perfonne ; comme fes volontés ne font que l'expreffion de l'ordre, il fuffit qu'elles foient connues pour qu'elles foient fidélement obfervées ; & au moyen de l'*évidence* qui manifefte leur fageffe, il gouverne fes États, comme Dieu, dont il eft l'image, gouverne l'univers, où nous voyons toutes les caufes fecondes affujetties *invariablement* à des loix dont elles ne peuvent s'écarter ; ce Monarque ne s'occupe plus que du bien qui ne peut s'opérer fans fon miniftere ; la paix qui regne fans ceffe dans fon intérieur, répand au dehors fes douceurs ineftimables ; plus elles fe multiplient pour les autres, & plus elles fe multiplient pour lui-même ; la garde qui l'environne, n'eft qu'une décoration extérieure, & nullement une précaution néceffaire ; fa perfonne eft par-tout en fûreté au milieu d'un peuple auffi riche, auffi nombreux, auffi heureux qu'il peut

l'être; il féconde, pour ainsi dire, par
ses regards, les terres les plus ingrates;
il se rend personnel le bonheur d'une
multitude de sujets qui l'adorent, dans
la persuasion qu'ils lui en sont redevables ; & l'abondance qui naît de toutes
parts, ne se partage entre eux & lui que
pour le rendre une source intarissable de
bienfaits.

UN tel Souverain doit avoir pour
amis & pour admirateurs toutes les nations étrangeres : pénétrées de vénéra-
tion & de respect pour une puissance qui
peut les étonner, mais jamais les allar-
mer, il me semble les voir venir mêler
aux pieds de son trône, leurs homma-
ges à ceux que l'amour filial de ses sujets s'empresse de lui rendre chaque jour;
dans tout ce qui s'offre à ses yeux il découvre un nouveau sujet de gloire, un
nouvel objet de jouïssance; il est sur la
terre moins un homme qu'une divinité
bienfaisante dont le temple est dans tous
les cœurs, & qui paroît ne s'être revêtue
d'une forme humaine, que pour ajouter
aux biens que sa sagesse procure, ceux
qu'on éprouve en jouïssant de sa pré-
sence.

On a cherché à diſtinguer l'autorité des loix & l'autorité perſonnelle du Souverain ; mais cette idée eſt encore une de ces productions ridicules qu'on ne peut attribuer qu'à l'ignorance. Si ces deux autorités ne ſont point une ſeule & même autorité, je demande de qui les loix tiennent celle dont elles jouïſſent , & laquelle des deux eſt ſupérieure à l'autre. Si celle du Souverain eſt la ſupérieure & la dominante, l'autorité des loix n'eſt plus rien ; ſi au contraire la ſupériorité eſt acquiſe à celle-ci , qu'on me diſe donc de qui les loix l'ont reçue ; certainement les loix ne peuvent tenir leur autorité que de la puiſſance légiſlatrice : ſi donc cette puiſſance ne jouït pas de l'autorité dans toute ſa plénitude , il eſt évident qu'elle ne peut la communiquer aux loix qu'elle inſtitue.

Dans l'état d'ignorance & de déſordre on peut diviſer l'autorité ; & j'ai fait voir les inconvénients qui en réſultent néceſſairement ; j'ai fait voir que ſi la puiſſance légiſlatrice n'eſt pas en même-temps puiſſance exécutrice, les loix qu'elle établit , ne ſont plus des loix , parce que la puiſſance exécutrice eſt la ſeule

qui

qui puisse constamment assurer leur observation. Je conviens donc que dans
l'état d'ignorance, on peut mettre une
différence entre l'autorité des loix &
celle de la puissance exécutrice : mais
j'observe aussi que dans cet état, il faut
nécessairement qu'une des deux se trouve
nulle, & c'est toujours celle des loix ;
car c'est de la puissance exécutrice qu'elles empruntent alors toute leur force,
vu qu'elles ne sont plus autre chose que
les volontés arbitraires de cette puissance.

DANS l'état opposé, dans celui d'une
connoissance évidente de l'ordre, les
loix positives, qui ne sont que l'expression d'un ordre évident, que l'application de ses loix essentielles, tiennent, il
est vrai, toute leur autorité de cette évidence qui est leur premier Instituteur ;
mais si, dans le fait, elles jouïssent de
cette autorité, & si elles deviennent despotiques, c'est parce que la même autorité réside dans la puissance exécutrice ;
de façon qu'entre la nation & l'autorité
de l'évidence on apperçoit toujours l'autorité personnelle du Souverain, par le
ministere duquel l'évidence se fait con-

noître d'une maniere fenfible à tous ceux qui vivent fous fa domination.

Avant que les conféquences des loix effentielles de l'ordre foient adop- tées comme loix pofitives, leur juftice, leur néceffité ont commençé par deve- nir évidentes à la puiffance légiflatrice ; elle les a reçues , pour ainfi dire , de l'é- vidence pour les dicter à fes fujets. Ces loix pofitives font ainfi tout à la fois l'expreffion d'un ordre évidemment né- ceffaire , & celle des volontés du Sou- verain. Impoffible donc qu'il puiffe exif- ter alors deux autorités diftinctes ; im- poffible que le defpotifme des loix ne foit pas perfonnel à la puiffance qui comman- de & agit d'après l'évidence dont les loix ne font que l'expreffion ; impoffible mê- me d'imaginer un autre defpotifme lé- gal que celui qui , par un effet de la force irréfiftible de l'évidence , eft acquis aux volontés du Souverain avant d'être ac- quis aux loix pofitives, c'eft-à-dire, avant que ces mêmes volontés foient revêtues de la forme qui leur donne le caractere & le nom de loix.

Quelle différence énorme à tous égards entre la fituation d'un Souverain que chacun regarde comme un bien qu'il craint de perdre, & celle d'un defpote *arbitraire* que chacun regarde comme un mal qu'il ne fupporte qu'autant qu'il ne peut s'en affranchir. L'autorité du defpote *arbitraire* n'eft que précaire & chancelante, parce qu'il eft impoffible de fixer les opinions, les divers intérêts, & les prétentions qui lui fervent de bafe; celle du defpote légal eft inébranlable, parce que l'évidence qui en eft le principe, eft invariable, & produit toujours les mêmes effets.

La puiffance du defpotifme *arbitraire* n'eft au fonds qu'une affociation de plufieurs forces phyfiques réunies pour affervir d'autres forces phyfiques, qui ne font plus foibles, que parce qu'elles font divifées : celle du defpotifme légal eft le produit d'une réunion générale de toutes les forces ; ce n'eft pas parce qu'elle eft fupérieure qu'elle devient defpotique ; c'eft parce qu'elle eft *unique*, & qu'il ne peut s'en former une autre.

Le defpote arbitraire n'eft point propriétaire de l'autorité qu'il exerce ; elle n'eft qu'empruntée, puifqu'elle appartient réellement à ceux qui l'ont formée

C c ij

par une affociation qui n'a rien que d'arbitraire : celle du defpote *légal* lui eft propre & perfonnelle ; elle eft à lui , parce qu'elle eft inféparable de l'*évidence* qu'il poffede, & qui, habitant en lui , fait que fa volonté devient le point de réunion de toutes les autres volontés & de toutes les forces. Ainfi le premier toujours & *néceffairement* dépendant , n'eft defpote que de nom ; & le fecond , toujours & *néceffairement* indépendant , eft defpote en réalité.

IL eft dans la nature de l'autorité du defpote *arbitraire* d'ètre toujours & néceffairement odieufe , parce qu'elle eft deftinée à tyrannifer les volontés, à contraindre l'obéiffance par la force phyfique : celle du defpote *légal* n'étant que la force intuitive & déterminante de l'évidence, il lui eft naturel de n'être, pour fes fujets , qu'un objet de refpect & d'amour , parce qu'il lui eft naturel d'affervir leurs volontés fans leur faire aucune violence.

LE defpotifme *arbitraire* , *néceffairement* deftructif de la richeffe du defpote & de la puiffance politique de l'État, renferme en lui-même le principe de fa deftruction : le defpotifme *légal*, procurant néceffairement le meilleur état poffible à la nation, à la fouveraineté, & au Souverain perfonnellement, renferme en lui-même le principe de fa confervation.

DANS le defpotifme *arbitraire* les volontés du defpote ne font point deftinées à lui furvivre ; elles meurent avec lui ; par cette raifon les ennemis de fes volontés deviennent toujours les ennemis de fa perfonne ; & comme il eft moralement impoffible qu'elles ne faffent pas un grand nombre de mécontents, il fe trouve ainfi dans une impoffibilité phyfique & morale de fe procurer aucune fûreté perfonnelle contre les opinions, les intérêts & les prétentions arbitraires que fes volontés doivent bleffer à chaque inftant : dans le defpotifme *légal* l'évidence, qui commande avant que le Souverain ordonne, fait que les volontés du Monarque deviennent les volontés conftantes & uniformes de toute la nation ; elles jouiffent après lui de la même autorité defpotique dont elles jouiffoient pendant fa vie ; cette autorité leur eft même tellement propre, que l'évidence de leur juſtice ne permet pas de former des prétentions qui leur ſoient contraires ; ainſi la ſûreté la plus abſolue , la plus entiere eſt *naturellement & néceſſairement* acquiſe pour toujours à ſa perſonne : on ne s'éleve point contre lui , parce qu'on ne peut s'élever contre ſes volontés ; & on ne peut s'élever contre ſes volontés, parce qu'il faudroit s'élever contre la force de l'évidence , & contre toutes les forces réunies de la nation.

PAR-TOUT où la connoiſſance *évidente* de l'ordre naturel & eſſentiel des ſociétés ſe trouvera tellement répandue, que chacun éclairé par cette lumiere , attache ſon bonheur au maintien religieux des ioix , il doit régner un deſpotiſme *perſonnel & légal* , qui eſt le ſeul & unique véritable deſpotiſme , parce qu'il eſt le ſeul qui exiſte par lui-même, qui ſe maintienne par lui-même , & qui ne puiſſe jamais être ébranlé. Malgré l'averſion naturelle qu'on avoit du deſpotiſme , on a bien ſenti qu'on ne pouvoit s'arracher à l'arbitraire, qu'en ſe livrant à une autorité abſolue , qui enchaînât toutes-les opinions ; mais faute d'avoir remonté à un ordre focial primitif & effentiel ; faute d'avoir connu la force irréfiftible de fon évidence , on étoit toujours dans le cas de redouter cette autorité unique , parce qu'on ne voyoit point comment elle ne feroit pas arbitraire elle-même dans fes volontés : par cette raifon , le feul mot de defpotifme perfonnel infpiroit une certaine horreur dont on ne pouvoit fe défendre , & on cherchoit , fans le trouver , le defpotifme légal dont on parloit fans le connoître : tandis que les puiffances qui gouvernoient , ne comprenoient point qu'il ne peut jamais exifter un véritable defpotifme perfonnel s'il n'eft légal , les peuples ignoroienc auffi qu'il ne peut jamais exifter un véritable defpotifme légal , qu'il ne foit perfonnel.

EUCLIDE eft un véritable defpote ; & les vérités géométriques qu'il nous a tranfmifes , font des loix véritablement defpotiques : leur defpotifme légal & le defpotifme perfonnel de ce Légiflateur n'en font qu'un, celui de la force irréfiftible de l'évidence : par ce moyen , depuis des fiecles le defpote Euclide regne fans contradiction fur tous les peu-

ples éclairés ; & il ne cessera d'exercer
sur eux le même despotisme, tant qu'il
n'y aura point de contradictions à
éprouver de la part de l'ignorance : la
résistance opiniâtre de cette aveugle est
la seule dont le despotisme personnel
& légal ait à triompher ; aussi l'instruction & la liberté de la contradiction
sont-elles les armes dont il doit se servir
pour la combattre, parce qu'il n'a besoin que de l'évidence pour assurer sa
domination.

Il n'est rien au monde de si propre
à nous inspirer l'amour de l'ordre, que
l'évidence de sa justice, de sa nécessité,
des avantages que nous en retirons, &
des maux que son relâchement nous feroit éprouver : dès que rien n'empêche
que le flambeau de cette évidence ré-
pande par-tout sa lumiere, chacun y
participe en raison du besoin qu'il en a
pour se conduire, & voit dans les biens
que l'ordre procure, un patrimoine dont
il ne peut perdre la propriété, tant que
l'ordre subsistera. La justice & la sainteté de cet ordre portent tellement l'empreinte sacrée de son divin Instituteur,
qu'on regarde ses loix invariables comme

me les clauses d'un contrat passé entre
le ciel & la terre, entre la divinité &
l'humanité: persuadés que notre soumission à ces loix doit être, de notre part,
un culte agréable à Dieu, elles deviennent autant d'articles de foi, pour lesquels nous sentons naître dans nos cœurs
cet amour, cet enthousiasme dont les
hommes ont toujours été susceptibles
pour leur religion. Je ne dis point encore assez; car aux biens surnaturels &
inestimables que la religion promet aux
fideles observateurs de l'ordre, se joignent les avantages naturels & tempo-
rels que l'ordre nous prodigue; ils ajou-
tent ainsi à un intérêt éloigné, qui n'est
assuré que par la foi, un intérêt présent
& sensible, qui ne peut qu'attacher plus
étroitement, plus religieusement les
hommes à la pratique de la vertu.

Si les Rois sont véritablement grands,
véritablement Rois, ce n'est que dans
un gouvernement de cette espece: toute
l'autorité leur est acquise sans partage;
& au moyen de ce que l'évidence dicte
toutes leurs volontés, on peut dire, en
quelque sorte, qu'ils sont associés à la
raison suprême dans le gouvernement de

Tome I.

D d

la terre; qu'en cette qualité sa sagesse divine, que l'évidence leur communique, & qui habite toujours en eux, les constitue dans la nécessité de faire le bien, & dans l'impuissance de faire le mal ; qu'ainsi par leur entremise, le ciel & la terre s'entre-touchent, la justice & la bonté de Dieu ne cessant de se manifester aux hommes, de leur être présentes dans les Ministres de son autorité.

CEUX-LA sont donc coupables du crime de haute trahison, de lese-Majesté divine & humaine, qui cherchant à légitimer tous les abus de l'autorité, dans l'espérance d'en profiter, s'efforcent secrétement d'insinuer aux Souverains que leur despotisme *est arbitraire* & absolument indépendant de toute regle ; que leurs volontés seules enfin constituent le juste & l'injuste. Cette perfidie ne peut réussir qu'à la faveur d'un défaut de lumieres, qui ne permet pas aux Souverains de voir *évidemment* que l'ordre social est *naturellement & nécessairement* établi sur l'ordre physique même, qu'il n'est point en leur puissance de changer : faute de connoître cette vérité, ils se laissent persuader qu'un pouvoir *arbitraire* peut leur être d'une grande utilité pour faire le bien ; mais un pouvoir *arbitraire* ne peut servir qu'à faire le mal; car il n'y a que le mal qui puisse être arbitraire, soit dans la forme soit dans le fonds : tout ce qui est dans l'ordre a des loix *immuables* qui n'ont rien d'arbitraire, & qui produisent *nécessairement* le bien pour lequel elles sont instituées : ainsi ce n'est qu'autant qu'un despote s'écarteroit des loix de l'ordre pour se livrer au désordre, qu'il pourroit faire un usage *arbitraire* de son pouvoir ; or il est démontré que l'ordre est tout à l'avantage du Souverain & de la souveraineté ; que le désordre ne peut que lui devenir funeste, à lui personnellement & à son autorité, qui ne peut être séparée de la force intuitive & déterminante de l'évidence, qu'elle ne se trouve à la discrétion de toutes les prétentions arbitraires qui peuvent naître de l'ignorance & de l'opinion, les seuls ennemis que sa puissance ait à redouter.

HEUREUSES, heureuses les nations qui jouïssent du despotisme de l'évidence : la paix, la justice, l'abondance, la félicité la plus pure habitent sans cesse au milieu d'elles ; plus heureux encore les Souverains à qui l'on peut dire sans les offenser : ›› Puissants maîtres de la terre, ›› *votre puissance* vient de Dieu ; c'est ›› de lui que vous tenez votre autorité ›› absolue , parce qu'elle est celle de ›› l'évidence dont Dieu est l'Instituteur; ›› gardez-vous de la changer, cette au- ›› torité sacrée, contre un pouvoir qui ›› ne peut être *arbitraire* en vous qu'au- ›› tant qu'il l'est dans son principe : vo- ›› tre puissance, qui est naturelle , ab- ›› solue , indépendante , ne seroit plus ›› qu'une puissance factice , incertaine, ›› dépendante de ceux même qu'elle ›› doit gouverner. Vous êtes Rois ; ›› mais vous êtes hommes : comme ›› hommes , vous pouvez *arbitraire-* ›› *ment* faire des loix ; comme Rois , ›› nous ne pouvez que dicter des loix ›› déja faites par la divinité dont vous ›› êtes les organes : comme hommes , ›› vous avez la liberté du choix entre ›› le bien & le mal , & l'ignorance hu- ›› maine peut vous égarer; comme Rois, ›› le mal & l'erreur ne peuvent être en ›› vous , parce qu'ils ne peuvent être ›› en Dieu, qui , après vous avoir éta-

» blis Miniftres de fes volontés, vous
» les manifefte par l'évidence : le def-
» potifme *perfonnel & légal* qu'elle vous
» affure à jamais, eft le même que celui
» du Roi des Rois ; comme lui vous
» êtes defpotes ; comme lui vous le fe-
» rez toujours, parce qu'il n'eft pas
» dans la nature de l'évidence qu'elle
» & vous puiffiez ceffer de l'être ; &
» votre defpotifme vous comblera de
» gloire & de profpérités dans tous les
» genres, parce qu'il n'eft pas dans l'or-
» dre, dont l'évidence vous éclaire,
» que le meilleur état poffible des peu-
» ples ne foit pas le meilleur état poffi-
» des Souverains.

TABLE
DES CHAPITRES
ET DES MATIERES

contenus dans le premier Volume.

CHAPITRE II.

CHAPITRE IV.

CHAPITRE VI.

CHAPITRE VII.

CHAPITRE VIII.

CHAPITRE IX.

Tome I.

Sommaire de la feconde Partie,
contenant l'expofition de l'Ordre mis en
pratique, 107.

CHAPITRE X.

De la forme effentielle de la fociété.
Ses rapports avec la théorie de l'ordre
effentiel. Elle confifte en trois claffes
d'inftitutions fociales. Objets que ren-
ferme chacune de ces trois claffes. Né-
ceffité de développer les rapports des
deux premieres , dont l'une eft l'infti-

CHAPITRE XI.

Dᴇᴠᴇʟᴏᴘᴘᴇᴍᴇɴᴛ de la premiere claffe des Inftitutions qui conftituent la forme effentielle de la fociété. Les loix s'établiffent en même temps que la fociété. Il en eft de deux fortes : les unes font naturelles, effentielles & univerfellement adoptées ; les autres conféquentes aux premieres, font pofitives,

E e ij

CHAPITRE XII.

Chapitre XIII.

Seconde *fuite du Chapitre* II. *Comment s'établit parmi les peuples la certitude de la Juftice & de la néceffité
des loix pofitives. Les Magiftrats font
un des premiers & des plus puiffants
fondements de cette certitude : par état
ils doivent avoir une connoiffance évi-*

CHAPITRE XIV.

CHAPITRE XV.

SUITE du Chapitre précédent. Dieu est le premier auteur des loix positives. Définition du pouvoir législatif parmi les hommes : le legislateur ne fait qu'appliquer les loix naturelles & essentielles aux différents cas qu'il est possible de prévoir, & leur imprimer, par des signes sensibles pour tous les autres hommes, un caractere d'autorité qui assure l'observation constante de ces loix. Rapports de l'autorité législative avec celle de l'évidence. Le pouvoir législatif est indivisible. Combien les devoirs essentiels des Magistrats lui sont précieux à tous égards : au moyen de ces devoirs & de l'évidence de l'ordre, ce pouvoir est absolument sans inconvénients dans les mains de la puissance exécutrice, page 174.

CHAPITRE XVII.

CHAPITRE XVIII.

CHAPITRE XIX.

rapports nécessaires entre les intérêts
d'un chef unique & ceux de la nation :
il est co-propriétaire du produit net des
terres de sa domination. La Souveraineté doit être héréditaire. Cette condition est essentielle pour que le gouvernement d'un seul devienne nécessairement le meilleur gouvernement possible , page 238.

CHAPITRE XX.

TROISIEME *suite du Chapitre dix-septieme. Premiers arguments pour prouver que dans une nation parvenue à la connoissance évidente de l'ordre naturel & essentiel de la Société, le gouvernement d'un seul n'est susceptible d'aucun inconvénient. Définition de l'autorité tutelaire. Sans cette connoissance évidente de l'ordre naturel & essentiel, impossible d'établir un bon gouvernement, page* 253.

CHAPITRE XXI.

CHAPITRE XXII.

CONTINUATION du même fujet. Du Defpotifme. Pourquoi il nous eft odieux; l'ignorance eft la caufe primitive des défordres qu'il a produits. L'homme eft deftiné par la nature même , à vivre fous une autorité defpotique. Il eft deux fortes de defpotifmes ; l'un eft perfonnel & légal ; l'autre eft perfonnel & arbitraire : le premier eft le feul conforme à l'ordre effentiel des fociétés ; le fecond eft auffi funefte au defpote même . qu'aux peuples qu'il opprime, page 278.

Du Defpotifme : pourquoi nous l'avons en

Tome I.

CHAPITRE XXIII.

Fin de la Table du premier Volume.

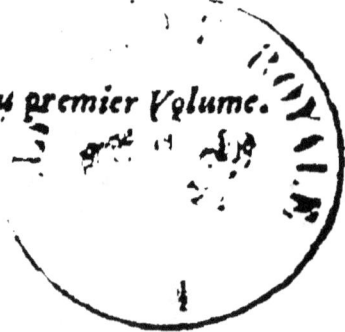

ORIGINAL EN COULEUR

NF Z 43-120-8